Les clés de la réussite financière

Évaluer les introductions en bourse en France

Collection Recherches en Gestion

Dirigée par Luc MARCO
Extrait du catalogue, ouvrages historiques :

GIRARD, Bernard (2015) *Histoire des théories du management*, 292 p.

GUILLON, Bernard, sous la direction de (2014) *Pour une politique du risque : comprendre et agir*, 360 p.

OKAMBA, Emmanuel (2014) *La comptabilité fondamentale*, 218 p.

COURCELLE-SENEUIL, Jean Gustave (2013) *Manuel des affaires, ou traité théorique et pratique des entreprises industrielles, commerciales et agricoles*, 382 p.

IDELSON, Marc (2012) *Undo the Math: How Semiotic Gaps Warp Thinking*, 190 p.

MARCO, Luc, SPONEM, Samuel, TOUCHELAY, Béatrice (2011) *La fabrique des experts-comptables : une histoire de l'INTEC, 1931-2011*, 186 p.

SAHUT, Jean-Michel, sous la direction de (2010) *Les relations salariés-employeurs : quel partage des valeurs ?* 226 p.

BARTH, Isabelle, sous la direction de (2009) *Regards actuels sur la société contemporaine : la pensée de Georg Simmel*, 254 p.

BRET, Patrice, CHATZIS, Kostas, et PEREZ, Liliane, dir. (2009) *La presse et les périodiques techniques en Europe, 1750-1950*, 326 p.

JAWADI, Fredj, et SAHUT, Jean-Michel (2009) *Inefficience et dynamique des marchés financiers*, 220 p.

MARCO, Luc (2009) *Histoire managériale du Bazar Bonne-Nouvelle, galeries marchandes à Paris, 1835-1863*, 336 p.

Oussama Abdallah

Les clés de la réussite financière

Évaluer les introductions en bourse en France

Préface de Luc Marco

L'Harmattan

A ma famille,
A tous mes amis.

5-7, rue de l'Ecole-Polytechnique, 75005 Paris

http://www.librairieharmattan.com
diffusion.harmattan@wanadoo.fr
harmattan1@wanadoo.fr

ISBN : 978-2-343-06290-7
EAN : 9782343062907

Préface

À LA création de la Bourse de Paris, en 1724, il n'y avait que quelques titres cotés et les introductions de valeurs nouvelles étaient fort rares. La faillite du système de John Law avait refroidi les ardeurs des investisseurs et le principe de dérogeance, qui interdisait les affaires industrielles et commerciales aux nobles, avait grandement ralenti le flux des entrées en Bourse. Mais les dernières années de la Royauté virent un regain d'activité et l'introduction de nombreuses grandes firmes telles que la Manufacture des Cristaux de la Reine, la Société Le Creusot ou encore la Compagnie des Eaux de Paris. Nous avons montré combien le secteur des assurances fut moteur en ce domaine (Marco, 2012).

En 1836 les choses avaient bien changé. Le nombre des valeurs cotées était passé à 117 et le flux d'introductions se montait à une dizaine par an. On relève des noms symptomatiques de cette période : la Société du Canal de jonction de la Sambre à l'Oise, le Pont Louis-Philippe, la Société du Chemin de fer de Paris à Saint-Germain, la Compagnie d'Assurances du Soleil, ou les Petites voitures à cheval dites Lutéciennes. Mais les entrepôts, les marchés et les bazars étaient considérés comme des valeurs trop aléatoires, alors même que c'était là l'un des secteurs les plus prometteurs de l'économie française, comme nous l'avons montré dans une monographie antérieure (Marco, 2009).

Vingt ans plus tard, fin 1856, le nombre de valeurs industrielles était monté à 290 et le flux des introductions croissait sans cesse comme le dénonçait le grand économiste socialiste Pierre-Joseph Proudhon dans son livre (Duchêne et Proudhon, 1857). La vingtaine d'introductions annuelles avaient ici encore des noms exotiques : les Docks Napoléon, la Compagnie générale des omnibus, les Usines de Septèmes, la Compagnie des prêts à la grosse, ou la Compagnie générale de navigation à vapeur. Les premiers groupes industrialo-financiers commencent à se constituer sous la houlette des frères Pereire ou de la famille des Rothschild. Les économistes socialistes dénoncent les introductions à but purement spéculatif et la forme juridique des sociétés permet encore des abus.

Cent-vingt ans plus tard, en 1956, les valeurs industrielles sont arrivées au nombre de 500 et les introductions passent à une cinquantaine par an. L'économie est déjà devenue mondiale et la France se modernise avec les aéroports, l'aviation et la première version de l'Europe en devenir. Les économistes français commencent à comprendre qu'il faut créer des formations de gestion à l'Université et lancent les premiers Instituts d'Administration des Entreprises : à Marseille d'abord, à Paris ensuite dans ces années-là (1956-1957). Et la base de ces formations reste la finance, la finance moderne, mâtinée de finance d'entreprise au creuset de l'analyse des marchés.

Ce livre se situe encore plus en aval : 170 ans plus tard. Tout a changé, la corbeille a disparu et les ordinateurs ont remplacé les cris de la Bourse. Les doctorants ont suivi de longues études en finance de marché et leurs calculs ont bénéficié de l'amélioration des logiciels spécialisés. En étudiant la période qui précède immédiatement la crise des *subprimes*, ce livre montre le système dans toute la force de son dynamisme, dans tout l'essor de sa puissance. Mais déjà les linéaments de sa chute se lisent entre les lignes. Ce livre est parfois d'une lecture difficile, mais il apportera au lecteur qui insistera de nombreuses satisfactions. Celle de comprendre d'abord, celle de rêver ensuite. Rêver à ce que pensera dans cinquante ans un historien de la pensée managériale qui relira, sur sa tablette bionique, ce livre numérisé. Car finalement les gestionnaires sont bien des rêveurs qui réalisent leurs rêves.

Luc MARCO
Professeur de Sciences de Gestion
Université Paris 13, Sorbonne Paris Cité

Références citées :

Proudhon, P.-J. et Duchêne, G. (1857) *Manuel du spéculateur à la Bourse*, Paris, Librairie de Garnier frères, 511 p.

Marco, L. (2009) *Histoire managériale du Bazar Bonne-Nouvelle, 1835-1863*, Paris, L'Harmattan, 334 p.

Marco, L. (2012) « La gestion du risque dans deux compagnies françaises d'assurance avant 1840 », *Management et Avenir*, n° 57, novembre, p. 195-209.

Introduction générale

LE marché des actions à la bourse de Paris, désormais dénommé NYSE Euronext, fluctue souvent entre des périodes d'euphorie (par exemple la bulle internet de l'année 2000) et des périodes de repli dans un contexte de tensions financières (recul de l'indice CAC 40 de 42,7% en 2008). En 2014, le CAC 40, l'indice de référence de la bourse en France, a connu une année blanche marquée par de fortes disparités sectorielles. L'année 2014 a été également marquée par une forte reprise du volume des introductions en bourse.

Soulignons que ce mécanisme de financement s'insère parfaitement dans le cadre de cet ouvrage qui consiste à étudier le phénomène des introductions en bourse.

Il convient, à ce niveau, de préciser qu'une introduction en bourse (en anglais *Initial Public Offering,* IPO) est la mise en vente auprès de particuliers et ce pour la première fois, des actions, ce qui permet ainsi aux entreprises de s'introduire en bourse et de lever de nouveaux capitaux et trouver des alternatives aux emprunts bancaires.

Différentes études ont essayé d'expliquer certains phénomènes intimement liés aux introductions en bourse comme étant l'alternance régulière entre les phases de « vagues euphoriques d'introductions en bourse » ou de « faibles introductions en bourses ». Notre étude s'intéresse aux phénomènes liés à la performance boursière des entreprises ayant opéré une IPO.

Généralement, la littérature s'accorde sur deux phénomènes qui ont été observés sur la plupart des places financières : les rendements boursiers réalisés sont anormalement élevés à très court terme (phénomène de sous-évaluation initiale) mais sous-performent anormalement sur un horizon de moyen et long terme si on les compare aux performances boursières d'indice du marché (phénomène de sous-performance à moyen et long terme). Néanmoins, le lien entre les deux phénomènes n'est pas confirmé par les études récentes.

La sous-évaluation initiale a été documentée dans de nombreux pays, à la fois dans les marchés développés et les marchés émergents. Bien que la sous-évaluation initiale semble être un phénomène courant sur tous les marchés boursiers, son ampleur varie d'un pays à un autre. On parle de sous-évaluation lorsqu'il y a un écart négatif entre le prix de l'offre initiale et les cours qui suivent directement l'introduction (Prix initial premier cours) indiquant une surperformance sur le très court terme.

Le phénomène de la sous-performance à moyen et long terme s'illustre par des rendements, des entreprises introduites, qui sont inférieurs à un niveau de référence approprié. Dans ce cas de figure, les investisseurs semblent perdre des capitaux tout en en continuant à détenir les actions des sociétés introduites. L'une des premières études est celle de Ritter (1991) réalisée sur le marché américain. Elle montre une rentabilité boursière à long terme (5 ans) inférieure de 29% en moyenne à celle des sociétés de référence. Ce phénomène a été démontré pour d'autres places bousières (Loughan et Ritter, 1995 ; Barber et Lyon, 1997 ; Ritter, 1998 ; Fama, 1998 ; Greczy et Gompers, 2000 ; Gompers et Lerner, 2003).

Toutefois, c'est l'universalité du phénomène de la sous-performance à long terme qui est moins évidente que la sous-évaluation initiale (Degeorge et Derrien, 2001). La controverse concerne notamment la méthodologie de mesure des rendements boursiers choisis.

La revue de la littérature des introductions en bourse met l'accent sur le débat portant sur les problèmes de mesure dans l'estimation de la performance à long terme du marché tels que le choix de la référence utilisée pour estimer les rendements anormaux, le calcul des rendements à long terme et la manière de construire et exécuter les tests statistiques.

En effet certains auteurs, comme Barber et Lyon (1997) proposent de mesurer les rendements par des méthodes comptables afin d'écarter l'effet de l'efficience du marché dans les études d'évènement.

Tous ces constats nous poussent à nous intéresser au phénomène d'introduction en bourse et notamment aux déterminants et modèles de la sous-évaluation des introductions ainsi que la performance à long terme des entrées en bourse. Aussi sommes-nous en droit de nous interroger sur le choix des entreprises cotées en bourse, et des implications de cette cotation aussi bien sur la performance opérationnelle que sur celle du long terme ?

La revue de la littérature du processus d'entrée en bourse souligne que la plupart des contributions portent sur les marchés boursiers anglo-saxons. Peu d'études se sont intéressées au cas français.

Le paysage boursier français a vécu des changements très importants au cours des années 1990 avec la création d'un nouveau marché réservé aux jeunes sociétés technologiques, d'où l'intérêt de mieux connaître le marché français grâce à l'étude du phénomène d'introduction à travers les modèles d'évaluation des titres ainsi que les modèles de performance aussi bien à long terme qu'opérationnelle dans le contexte français.

Les apports de cette étude se présentent comme suit.

En premier lieu, l'évaluation de la performance à long terme se référencera à l'approche évènement-temps qui utilise des indicateurs tels que le Rendement Anormal Cumulé (CAR) et le rendement anormal de la méthode achat-conservation (BHAR). Cette approche est adoptée pour mesurer la performance par rapport à la date de l'introduction en bourse.

En deuxième lieu, nous apprécierons aussi toutes les implications de l'introduction en bourse sur la performance opérationnelle des sociétés cotées. La performance opérationnelle est mesurée selon le biais de la méthode comptable basée soit sur l'approche de la comptabilité d'exercice, soit sur l'approche des flux de trésorerie.

Ce travail complète les études et analyses antérieures portant sur les implications du processus d'introduction en bourse sur les niveaux de performance aussi bien à court terme (performance opérationnelle) qu'à long terme.

Sur le plan pratique, cette action de recherche autorise les professionnels de la bourse, chargés de réguler le marché, à juger de l'opportunité de poser le bilan de la performance des introductions en bourse (pré et post IPO) sur la bourse de Paris pour la période 1997-2008.

Elle offre aux investisseurs les différentes techniques nécessaires à l'évaluation de la performance surtout opérationnelle en les mettant en garde contre les risques de manipulation de la part des gestionnaires visant à surévaluer les performances de l'entreprise introduite.

Aussi, ce livre s'organise-t-il en deux parties :

La première consacrée à la présentation des théories relatives à la sous-évaluation et à la performance boursière à long terme des IPOs, ainsi qu'à un survol des études empiriques et des hypothèses de recherches de la performance opérationnelle. Dans le premier chapitre, nous élaborerons une synthèse de la littérature sur la performance des introductions en bourses. Une étude des modèles explicatifs de la sous-évaluation et du déclin de la performance des introductions en bourse combinée à une analyse critique des études empiriques permettra d'expliquer les raisons et les déterminants de la sous-évaluation ainsi que de la sous-performance à long terme puis les difficultés quant aux méthodes utilisées pour mesurer les rendements à long terme et d'en déduire les hypothèses de recherche.

Le deuxième chapitre sera consacré aux études empiriques et aux hypothèses de recherche portant sur la performance opérationnelle ainsi que les divers facteurs explicatifs de la sous-performance opérationnelle des IPOs tels que l'hypothèse d'agence, le *timing* du marché, ou encore celle de la manipulation des résultats. Un intérêt particulier sera porté aux mesures comptables de la performance opérationnelle.

La deuxième partie présente le cadre analytique de notre recherche, la méthodologie adoptée ainsi que les résultats obtenus sur un échantillon de sociétés françaises introduites entre 1997 et 2008. Le troisième chapitre sera dédié à la présentation des résultats empiriques obtenus en commençant par la détermination de la rentabilité initiale par le biais de plusieurs méthodes. Les sources de collecte de données et la sélection de l'échantillon seront présentées dans ce chapitre. Les méthodes utilisées pour mesurer la performance du prix de l'action ainsi que les tests statistiques utilisés pour évaluer le niveau de signification des rendements initiaux et à long terme seront également détaillés. Le quatrième chapitre traitera principalement de l'effet de l'introduction en bourse des firmes technologiques sur la performance opérationnelle basée sur la méthode comptable. Dans un premier temps, la méthodologie adaptée et les statistiques descriptives des IPOs et la performance des entreprises de référence seront présentées. Ensuite une analyse de l'évolution de la performance opérationnelle comptable comprenant à la fois l'approche basée sur la comptabilité d'exercice et celle basée sur les flux de trésorerie sera traitée.

La conclusion générale livrera la synthèse des résultats obtenus. Elle exposera les apports de notre recherche et proposera des perspectives futures de tr avail.

Chapitre 1. Théories de la performance des introductions en bourse et hypothèses de recherche

LA cotation en bourse a fait l'objet de multiples études qui ont généralement affirmé que les rendements réalisés étaient anormalement élevés à très court terme (surperformance) et anormalement faibles à moyen et long terme (sous-performance). Le rendement anormalement élevé observable dans les jours qui suivent l'émission que l'on associe à la sous évaluation initiale des prix d'offre, semble également être un phénomène largement répandu, qui ne serait d'ailleurs pas indépendant de la sous-performance postérieure à l'émission.

Ce livre a pour objectif d'analyser les différentes thèses qui expliquent le déclin de la performance à moyen et long terme. Nous essayons d'examiner de manière approfondie la littérature consacrée à l'analyse de la performance boursière des nouvelles émissions dans le but de comprendre les causes de la divergence des résultats dégagés dans différentes nations. Nous discuterons ensuite les limites méthodologiques du calcul de la rentabilité boursière post-cotation évoquées récemment. Nous allons passer en revue les différentes hypothèses concernant les deux phénomènes et ce, en se concentrant sur les acteurs du marché impliqués dans le processus de l'introduction en bourse à savoir les émetteurs, les actionnaires d'origine et souscripteurs[1]. Nous menons dans ce chapitre une analyse critique afin d'en tirer les leçons positives pour élaborer une nouvelle approche de l'analyse des performances à long terme.

Ainsi, nous discuterons, dans une première section, des théories de la sous-évaluation de l'introduction en bourse. La deuxième section présentera les méthodes de calcul des rendements

[1] Plusieurs études aux États-Unis utilisent le terme *investment banker*.

boursiers à long terme[2]. Enfin dans une troisième section nous analyserons les études empiriques, relativement abondantes sur la question et nous exposerons finalement nos hypothèses de recherche.

Section 1: Les théories de la sous-évaluation des introductions en bourse

Le modèle le plus connu est celui relatif à l'apparition des rendements initiaux[3] élevés, attribués par les investisseurs lors des introductions en bourse. Ce phénomène se manifeste sur la plupart des places boursières.

Les premiers travaux ont été réalisés par Ibbotson et Jaffe (1975) sur le marché américain. Ces auteurs ont constaté des rendements positifs à court terme des titres de sociétés introduites en bourse. Ces travaux, menés aux États Unis et dans plusieurs pays des continents américain, européen et asiatique ont corroboré une sous-évaluation non spécifique au marché boursier américain.

Un certain nombre d'explications ont été avancées en décryptage du phénomène de sous-évaluation, avec différentes théories mettant l'accent sur diverses caractéristiques des relations entre émetteurs, souscripteurs et investisseurs. Toutefois, ces théories ne s'excluent pas mutuellement, et la relativité de l'importance accordée est variable selon les pays, les mécanismes contractuels et le temps (Ritter, 2003, p. 284). En tout état de cause, une explication donnée peut se montrer plus significative pour certaines introductions en bourse que pour d'autres.

D'après Ljungqvist (2005)[4], quatre grandes catégories de théories peuvent être distinguées: (i) les modèles asymétriques

---

[2] T. Miloud expose une définition des méthodes de calcul des AR.

[3] Les rendements initiaux ou la sous-évaluation sont utilisés de manière interchangeable.

[4] Jungqvist (2005) fournit un examen détaillé des théories de la sous-évaluation des IPOs.

basés sur les informations asymétriques, (ii) les raisons institutionnelles, (iii) la propriété et le contrôle; (iv) les explications comportementales (par exemple, les cascades informationnelles).

1.1. Les modèles basés sur les informations asymétriques

Les modèles de sous-évaluation basés sur les asymétries d'informations présagent que certains investisseurs bénéficient de plus de données que d'autres. Ces modèles comprennent la malédiction du vainqueur, le carnet d'ordres, les modèles d'agents principaux, et le signal.

1.1.1. Asymétrie d'information entre les investisseurs informés et les non informés : « La malédiction du vainqueur »

Le modèle de la malédiction du vainqueur a été introduit par Rock (1986). Il s'agit d'un modèle d'équilibre pour la sous-évaluation des introductions en bourse qui repose sur l'asymétrie d'informations. Il suppose que l'information sur la valeur de l'entreprise introduite en bourse est distribuée de façon asymétrique entre les souscripteurs, les sociétés émettrices et les investisseurs informés et non informés.

Selon Rock (1986), un investisseur informé est un acteur qui possède des informations privées sur la valeur de la nouvelle émission. Les investisseurs informés ne souscrivent aux introductions en bourse que dans le cas où les titres sont sous-évalués. Toutefois, les investisseurs non informés souscrivent à toutes les introductions en bourse, même si celles-ci sont surévaluées.

Ainsi, les investisseurs non informés font face au phénomène de « malédiction du vainqueur » c'est-à-dire qu'ils peuvent obtenir toutes les actions souhaitées parce que les investisseurs informés ne veulent pas y souscrire. Ce problème existe lorsque des investisseurs informés reçoivent une grande part des actions sous-évaluées.

En conséquence, et à travers de nombreuses offres, les investisseurs non informés recevront un rendement moyen pondéré en fonction des offres trop onéreuses. Aussi ne sont-ils pas prêts à souscrire des actions nouvellement émises. Ainsi et afin de les inciter l'acquisition d'actions et assurer leur participation continue sur le marché des introductions en bourse, toutes les actions nouvellement émises doivent être sous-évaluées.

L'idée du modèle de « malédiction du vainqueur » a produit plusieurs hypothèses testées empiriquement, telles que résumées dans le tableau ci-dessous :

Tableau 1 : Hypothèse et évidence de la malédiction du vainqueur pour l'explication de la sous-évaluation

Source	Hypothèses	Evidences empiriques	
Rock (1986)	Le rendement est anormal pour les non informés.	Affirmation	Khon and Walter (1989); Levis (1990); Lee, Taylor et Walter (1996) Huang(1999).
		Contradiction	Khurshed, Mudamdi et Goergen (1999)
Michaely et Shaw(1994)	La sous-évaluation est plus faible si l'information est répartie de façon plus homogène à travers groupes d'investisseurs.	Affirmation	Michaely et Shaw (1994)
Ritter(1984) Beatty et Ritter (1986	Plus l'incertitude sur la valeur anticipée de la société IPO est élevée, plus la sous-évaluation est confirmée. De nombreux proxies sont utilisés pour mesurer l'incertitude (par exemple, l'âge de l'entreprise, IPO produit brut, les prévisions de résultats).	Affirmation	Ritter (1991) Keasey et Short (1992) Kiymaz(2000)

		Contradiction	Mc Guinness(1992)
Beatty et Ritter (1986)	Les souscripteurs qui amplifient la sous-évaluation perdent la confiance des investisseurs.	Affirmation	Beatty et Ritter (1991) Nanda et Yun (1997), Dunbar (2000)
Botth et Smith (1986) Carter et Manaster (1990)	La sous-évaluation peut être réduite par la réduction de l'asymétrie d'information, par la sélection d'un souscripteur prestigieux et un auditeur de bonne réputation.	Affirmation	Carter et Manaster (1990) Michaely et Shaw (1994) Cater, Dark et Singh (1998) Habib et Ljungqvist (2001) McGuinness (1992)
Timan et Trueman (1986)		Contradiction	Beatty et Welch (1996)

Source : Ljungqvist (2005) et les papiers publiés par les auteurs.

1.1.2. Livre d'ordres

Le modèle du livre d'ordres de Benveniste et Spindt (1989) a été adopté par bon nombre de pays ces dernières années. Cette méthode suggère que les souscripteurs jouent un rôle majeur dans la divulgation juste de l'information.

En effet, et dans le but de bénéficier d'une rentabilité initiale importante, les investisseurs informés minorent le prix des actions à leur évaluation. Cette information est recueillie avant que le prix d'émission ne soit finalisé. La révélation d'une telle information permet à la banque d'émettre une offre plus élevée pour l'émission.

Dans le cadre de cette méthode, les investisseurs les plus avisés possèdent des informations privées. A cet effet, leur demande concernant les titres les plus sous-évalués sera avantagée. Ainsi, et dans le but de les inciter à révéler les vraies informations, le souscripteur alloue plus d'actions aux IPOs qui présentent une forte pré-demande du marché. Les actions sont également susceptibles d'avoir des rendements plus élevés lors la première journée afin d'indemniser les souscripteurs. Cette théorie est soutenue par Aggarwal, Prabhala et Puri (2002).

Benveniste et Busaba (1997) ont spécifié que les offres de prix selon la méthode du carnet d'ordres sont plus élevées que dans les offres de prix fixe. Ils expliquent que cela est dû à une « cascade » inhérente à l'offre de prix fixe. Par conséquent, le niveau de sous-évaluation est inférieur, dans le cas du carnet d'ordres, à celui de l'offre de prix fixe.

1.1.3. Asymétrie d'information entre la firme émettrice et l'intermédiaire introducteur

Les modèles de Baron et Holmstrom (1980) et de Baron (1982), supposent que les intermédiaires introducteurs sont mieux informés sur les conditions de la demande que les émetteurs. De plus, la réputation des intermédiaires facilite la confirmation de la qualité des actions et crée une demande. Cependant, et en raison de la non connaissance des émetteurs du prix d'équilibre de leurs titres, ces derniers peuvent déléguer aux intermédiaires la fixation du prix d'offre. Par ailleurs, les souscripteurs ont, à leur tour, la possibilité de déterminer une offre de prix dont l'intérêt premier n'est pas celui des émetteurs.

Selon Baron, la sous-évaluation est interprétée comme une rémunération pour les intermédiaires qui fournissent à leurs clients des informations privilégiées sur demande et engagent des frais de marketing pour placer l'offre.

Selon Mandelker et Raviv (1977), les agents introducteurs sont adverses aux risques. Selon cette logique, ils proposent à la firme de sous-évaluer le prix du titre afin d'en diminuer le coût. Cette démarche permettra alors à ces agents d'augmenter le pourcentage de réussite de l'offre et de diminuer le coût de l'opération d'introduction.

1.1.4. Asymétrie d'informations entre la firme émettrice et le marché : théorie des signaux

Allen et Faulhaber (1989), Grinblatt et Hwang (1989), ou Welch (1989) ont souligné que la sous-évaluation est utilisée par les émetteurs comme un moyen du signaler la qualité de leur société sur le marché. Ce modèle suppose que les émetteurs soient mieux et plus informés sur la valeur actualisée de leurs flux de trésorerie futurs que les investisseurs ou les intermédiaires.

Grinblatt et Hwang (1989) ont élaboré un modèle de la signalisation avec deux signaux afin d'expliquer la sous-évaluation lors de l'introduction en bourse. Ils suggèrent que le pourcentage détenu par les initiés ainsi que l'offre de prix, transmettent aux investisseurs une « valeur intrinsèque » inobservable de la société et de la variation de son futur flux de trésorerie.

Quant au modèle de Welch (1989), il rappelle que les entreprises de « bonne qualité » baissent les prix de leurs titres au moment de l'introduction en bourse afin d'obtenir un prix supérieur à l'offre. Puis, quand le prix du marché est établi et l'asymétrie de l'information réduite, les entreprises réalisent une nouvelle offre.

1.2. Les théories institutionnelles

Les théories institutionnelles véhiculent une perspective plus sociologique des introductions en bourse. Elles sont basées sur des hypothèses fondées sur l'environnement institutionnel. En effet, deux des principales théories institutionnelles peuvent fournir des explications sur le phénomène de la sous-évaluation ; celle relative à la responsabilité légale et celle relative à la stabilisation des prix des souscripteurs.

1.2.1 La responsabilité légale

L'hypothèse de la théorie relative à la responsabilité légale suggère que les sociétés émettrices ont la possibilité de sous-évaluer leurs introductions en bourse afin de limiter leur exposition potentielle à des plaintes par les actionnaires en raison d'informations incorrectes ou insuffisantes dans leurs prospectus d'introduction.

Les auteurs Tinic (1988), Hughes et Thakor (1992) ou Hensler (1995) ont développé cette hypothèse corroborée par les résultats obtenus. Toutefois, Keloharju (1993) a constaté que les rendements initiaux de son échantillon d'introductions en bourse ne sont pas liés à la prévention contre les poursuites judiciaires.

1.2.2 La stabilisation du prix

La stabilisation des prix est une pratique selon laquelle un souscripteur s'adresse au marché secondaire pour soutenir le prix d'introduction en bourse puis négocie afin de limiter la chute de prix dans les jours ou les semaines suivant cette introduction.

Comme l'a soutenu Ruud (1993), les introductions en bourse ne sont pas délibérément sous-évaluées, mais le prix de l'offre est fixé au prix de la valeur anticipée par le marché. C'est la raison du soutien de ces offres par les souscripteurs dont les prix chutent en dessous de celui de l'offre. Par conséquent, nous observons un abaissement du prix moyen, suggérant une sous-évaluation supérieure.

1.3. La participation au capital et le contrôle

Lors d'une introduction en bourse, il y a normalement un changement substantiel dans le contrôle et la structure du capital de l'entreprise (Goergen, 1998). Une réduction des parts de capital des gestionnaires suite à une introduction en bourse est associée à une augmentation des conflits d'intérêts entre dirigeants et actionnaires, ce qui génère une augmentation du coût d'agence. Comme l'ont soutenu Jensen et Meckling (1976), les gérants peuvent exploiter les actifs d'une entreprise pour leur propre bénéfice, ce qui les incite à consommer des avantages indirects plutôt que de maximiser la richesse des actionnaires. Jensen et Meckling (1976) définissent les coûts de délégation comme étant la somme des :

- (i) coûts de surveillance par le directeur ;
- (ii) les coûts d'agences ;
- (iii) et la perte résiduelle.

De leur côté, Fama et Jensen (1983) soutiennent que la perte résiduelle risque d'augmenter si le coût de mise en application des contrats dépasse les bénéfices.

Néanmoins, les théories du capital et du contrôle étayent deux points de vue opposés de la sous-évaluation. Celle-ci peut être un moyen de :

- (i) conserver le contrôle,
- (ii) ou réduire les coûts d'agence.

Le premier point de vue est développé par Brennan et Franks (1997), qui affirment que la sous-évaluation est utilisée pour assurer la sur-souscription. Cette dernière autorise les gérants à privilégier l'attribution d'actions en faveur des « petits » investisseurs plutôt que les « grands » investisseurs et à susciter des discriminations entre les candidats. Cependant, certains auteurs font valoir que les gérants font le choix de ne pas allouer de gros blocs d'actions à des investisseurs extérieurs afin de réduire le contrôle externe de leur comportement. Cette démarche induit un éparpillement du capital de l'entreprise et permet aux gérants de réduire efficacement le contrôle.

Le second point de vue, développé par Stoughton et Zechner (1998), ne tient pas compte des considérations de contrôle. Leur modèle suggère que la sous-évaluation et le rationnement en faveur des grands actionnaires leur permettraient de mieux suivre les actions de gestion, d'où une réduction des coûts d'agence, avec un gain net pour l'émetteur.

1.4. L'explication comportementale (info-cascade)

L'explication la plus indiquée dans le cadre des théories du comportement est celle relative aux « cascades informationnelles » (*info cascade)*.

Selon Welch (1992), les prix d'introduction en bourse sont actualisés afin d'éviter les cascades d'information (ou l'effet d'entraînement) dans lequel les investisseurs potentiels suivent les habitudes d'achat des autres investisseurs. Un investisseur peut décider de ne pas acheter d'actions si d'autres investisseurs ne le font pas. Afin d'éviter un tel comportement, un émetteur peut sous-évaluer la part de l'introduction en bourse afin d'encourager les premiers investisseurs à acheter, influençant ainsi d'autres personnes à suivre.

En résumé, et comme l'a souligné Ljungqvist (2005), la plupart des résultats empiriques soutiennent le modèle de l'asymétrie de l'information pour expliquer les sous-évaluations. Il suggère, d'un côté, que les résultats apportés par les théories institutionnelles sont contradictoires. En effet, la sous-évaluation reste observable dans les pays ne présentant pas de litiges et aucun rôle de stabilisation des prix sur le marché des IPOs. D'un autre côté, l'auteur soutient que la propriété et le contrôle, ainsi que les théories comportementales sont relativement nouvelles, et les moins explorées pour expliquer la sous-évaluation des IPOs. En outre, Ritter (2003) mentionne que la relativité de l'importance portée aux différentes théories de la sous-évaluation a changée au fil du temps et varie, en fonction de la configuration institutionnelle.

La sous-évaluation initiale est la cause principale de la sur-performance de court terme observé dans la plupart des travaux empiriques. Elle explique le rendement anormal positif obtenu les premiers jours d'introduction.

Section 2 : Les théories de la sous-performance à long terme

L'anomalie des performances boursières à court terme se matérialise par des rendements anormaux positifs provoqués par les sous-évaluations des titres à l'introduction. Cependant, lorsque les rendements sont analysés sur le moyen et long terme, les tendances sont inversées. Ce phénomène est connu sous le nom de « sous-performance à moyen et long terme ». La sous-performance est observée lorsque le rendement à moyen ou long terme des sociétés introduites est plus faible que celui d'un portefeuille de référence supposé normal[5].

Plusieurs études réalisées aux États-Unis mettent en évidence une sous-performance partant de la première année post-cotation. En 1991, Ritter montre que sur une période de 3 ans, les sociétés émettrices de titres sur le NYSE enregistrent une performance boursière inférieure à celle de sociétés comparables. Plus récemment, Kooli et Suret (2004) confirment les résultats de Ritter (1991) sur le marché canadien. D'autres travaux, par contre, ont montré une amélioration des rendements boursiers de moyen et long terme. Ce résultat concerne essentiellement les marchés émergents (Corée du Sud, Malaisie, Sin-

[5] D'autres auteurs parlent de groupe de comparaison ou de « benchmark ».

gapour) et exceptionnellement les marchés de pays développés comme c'est le cas de la France et de l'Australie.

Ce débat sur la réalité de la sous-performance à long terme des introductions en bourse n'est pas encore clos. Il pose plusieurs interrogations avancées par Ritter (1991) :

1- La sous-performance des firmes émettrices observée aux Etats-Unis est-elle un phénomène spécifique à l'échantillon et à une période bien particulière ?
2- La sous-performance des firmes continue-t-elle après la période de trois années après l'émission ?
3- Existe-t-il une relation systématique entre la performance à long terme des émissions initiales d'actions et le rendement du premier jour de cotation ?

D'autres théories proposent de fournir des explications pour le phénomène de la sous-performance des introductions en bourse sur le long terme. Toutefois, Jakobsen et Sorensen (2001) notent qu'aucune théorie franchement convaincante n'explique ce phénomène.

Les théories de la sous-performance (soit le rendement des actions ou des performances d'exploitation) abordées dans cette section sont classées en trois grandes catégories:

- (i) les théories de la sous-évaluation illustrant la performance à long terme (par exemple, asymétrie de l'information, théorie du signal),
- (ii) des explications comportementales de la sous-performance à long terme et,
- (iii) les problèmes de mesure.

2.1. Les théories de la sous évaluation et la performance a long terme

Il existe deux théories principales de la sous-évaluation susceptibles de justifier la performance à long terme : il s'agit des théories du signal et des coûts d'agence.

2.1.1. La théorie du signal

Comme mentionné dans la section précédente, la sous-évaluation peut être un outil signalant la qualité des émetteurs sur le marché (Allen et Faulhaber, 1989 ; Grinblatt et Hwang, 1989 ; Welch, 1989).

Ces mêmes auteurs susmentionnés usent du prix d'offre initial afin du signaler des émetteurs de bonne qualité. En effet, un modèle de la signalisation suppose que les émetteurs de bonne (haute) qualité (et dont la qualité n'est pas reconnue par le marché) ont tendance à sous-estimer leurs actions au moment de l'introduction en bourse. Les émetteurs dits de « bonne qualité», procèdent ensuite à une nouvelle émission d'actions avec un prix d'émission supérieur lorsque le prix du marché est établi une fois la qualité reconnue par les investisseurs. Cette nouvelle émission compense les pertes au moment de l'introduction en bourse. Simultanément, Grinblatt et Hwang (1989) envisagent que les émetteurs de « bonne qualité » vendent une faible fraction des capitaux propres au moment de l'introduction en bourse à un prix sous-évalué afin de les vendre plus tard à un prix plus attractif. Toutefois, selon la théorie du signal, les entreprises ayant sous-évalué leurs actions au moment de l'introduction en bourse sont susceptibles de bénéficier d'une meilleure évaluation dans les émissions ultérieures en bourse et de meilleures performances d'exploitation par rapport aux autres entreprises opérant des IPOs au « juste prix ».

2.1.2. Les coûts d'agence

Comme précédemment évoqué, quand une entreprise fait une introduction en bourse, celle-ci est généralement accompagnée d'une diminution de la participation des actionnaires dirigeants, d'où la dispersion de la structure de l'actionnariat, associé à une augmentation des coûts d'agence, ce qui favorise une dégradation de la performance à long terme.

Ces coûts d'agence restent un indicateur fiable sur la baisse des performances à long terme. Ceci est dû à l'existence des divergences d'intérêt entre les actionnaires et les dirigeants. Selon Jensen (1986), les dirigeants souhaitent investir les fonds levés lors de nouvelles émissions dans des projets non rentables au détriment de l'enrichissement des actionnaires.

Mac Laughlin, Vasdevan et Saffieddine (1996) affirment que la diminution de la performance opérationnelle à long terme est amplifiée dans les firmes présentant un excédent de trésorerie.

Quant à Jain et Kini (1994), ils observent une diminution au niveau de la performance opérationnelle (comptable) des firmes initialement introduites en bourse par rapport à leurs performances avant l'introduction. Ils mentionnent pour ces firmes, la présence d'une relation significativement positive entre les modifications dans les parts détenues par les actionnaires dirigeants et la performance opérationnelle. En revanche, Mikkelson, Partch et Shah (1997) soutiennent la théorie de l'inexistence d'une relation entre les changements des parts détenues par les dirigeants et la performance opérationnelle pour les firmes initialement introduites en bourse.

Cependant, Cai et Loughan (1998) affirment que la performance opérationnelle après l'introduction en bourse est liée au niveau du coût d'agence avant de nouvelles souscriptions. Dans la mesure où de nouvelles souscriptions mènent fréquemment à une réduction dans les parts des actionnaires dirigeants, il faut s'attendre à une réduction des encouragements de ces dirigeants quant à la maximisation de la valeur. Cai et Loughan (1998) privilégient comme champ d'expérimentation, l'augmentation de capital pour la validation de cette hypothèse sur des entreprises japonaises notamment. Ces auteurs ne constatent pas, pour autant, une sous-performance à long terme causée par la concentration de l'actionnariat après l'offre ou par la modification du mécanisme incitatif. Ce résultat renforce la thèse de Mikkelson *et al.* (1997).

2.2. Explications comportementales des sous-performances à long terme

La littérature financière et économique élabore des explications variées sur la sous-performance à long terme des entreprises initialement introduites en bourse.

2.2.1. Divergence d'opinion

L'explication basée sur les divergences d'opinion de la sous-performance à long terme du marché boursier a été présentée par Miler (1977). Il suggère que les investisseurs sont peut-être trop optimistes par rapport aux flux de trésorerie futurs et au potentiel de croissance des entreprises (sur-évaluation des titres) accessibles au public. Les investisseurs surestiment les perspectives de la société nouvellement introduite en bourse, en particulier pour les petites sociétés à croissance forte, au moment de l'introduction.

Les investisseurs seront davantage enclins à l'acquisition d'une action s'ils sont optimistes sur son potentiel "valeur". Les valorisations des investisseurs optimistes seront beaucoup plus élevées que les évaluations de leurs homologues pessimistes dans un contexte de forte incertitude quant à la valeur d'une action nouvellement émise. La divergence d'opinion entre les investisseurs optimistes et pessimistes se réduira avec le temps et par là-même, l'obtention d'informations sur les introductions en bourse. Les investisseurs optimistes effectueront la démarche d'un ajustement de la valeur de l'entreprise ce qui impliquera une baisse des prix de l'action (Ritter, 1998). Par conséquent, la mesure initiale de divergence d'opinion est liée négativement à la performance du marché boursier à long terme.

2.2.2. Théorie des investisseurs « euphoriques » (*fads*)

La théorie des « euphoriques », introduite par Aggarwal et Rivoli (1990), est une extension de la théorie de Miler (1977) sur la divergence d'opinion. L'engouement est défini comme une surévaluation non-rationnelle temporaire causée par un optimisme tellement excessif des investisseurs qu'ils peuvent éventuellement provoquer une baisse à long terme des rendements (Naceur et Ghanem, 2001, note 1).

En revanche, la spéculation est un comportement économique rationnel (Camerer, 1989, cité dans Mok et Hui, 1998, note 9). Il fait valoir que le marché des introductions en bourse est soumis à des engouements, et les introductions en bourse sont sous-évaluées par les souscripteurs afin de créer l'apparence d'une demande excédentaire (Ritter, 1998). Après une forte demande, les engouements passagers commencent à s'éroder et les attentes redeviennent rationnelles. A cet effet, le prix de l'action diminue, ce qui provoque une contre-performance. La résultante de cette hypothèse est que les entreprises présentant les plus hauts rendements initiaux devraient avoir les plus faibles rendements ultérieurs.

La théorie de l'euphorie est similaire à l'hypothèse des réactions excessives (De Bondt et Thaler, 1985, 1987), ce qui suggère que les intervenants sur le marché ont une courte vue et ignorent la tendance à long terme de la rentabilité moyenne. Cela est dû au fait que les investisseurs accordent trop de poids à l'amélioration de la performance opérationnelle avant même l'introduction en bourse. En conséquence, les prix des premiers jours de transactions sont élevés. Ainsi, ces améliorations transitoires de gains sont considérées comme une amélioration permanente par les investisseurs. Ajoutons à cela le facteur temps et les informations sur les introductions en bourse qui sont à disponibilités. Par conséquent, il y a un ajustement à la baisse des estimations initiales de la prochaine rentabilité provoquant une diminution du prix des actions sur le long terme.

2.2.3. Fenêtre d'opportunité/timing

La théorie de la fenêtre d'opportunité/timing, introduite par Ritter (1991) et Loughran et Ritter (1995), est une extension de la théorie de l'euphorie d'Aggarwal et Rivoli (1990). Ils suggèrent que la sous-performance à long terme des introductions en bourse s'explique par les attentes des investisseurs optimistes après l'émission et l'ajustement à la baisse de ces attentes sur le marché secondaire.

Loughran et Ritter (1997) préconisent que la plupart des entreprises émettent des actions après de fortes hausses de prix d'achat d'actions. En outre, les gérants émettent leurs introductions en bourse sur des périodes qui coïncident avec un pic de la performance opérationnelle de l'entreprise, phénomène temporaire et non durable. Par conséquent, il existe pour les investisseurs une potentielle déception surtout due à la performance d'exploitation après l'introduction, entraînant à son tour un faible rendement des actions sur les marchés.

L'hypothèse de la fenêtre d'opportunité affirme que les entreprises s'introduisant en bourse dans les périodes où il y a un grand nombre d'IPOs font d'avantage l'objet d'une surévaluation que leurs homologues. Aussi, les périodes pendant lesquelles il existe un grand nombre d'introductions en bourse doivent être associées avec les plus faibles rendements à long terme.

2.2.4. Théorie de la gestion de résultats « *Earning management* »

Les entreprises candidates à l'introduction en bourse procèdent à une gestion « agressive » des revenus un an avant leurs introductions. Cette attitude mène les investisseurs à adopter des comportements optimistes vis-à-vis des perspectives des émetteurs.

Ealy et Wahlen (1999) affirment qu'une gestion des résultats se concrétise lorsque les gestionnaires augmentent ou baissent les résultats à travers des subterfuges comptables afin d'induire en erreur certains intervenants quant à la performance économique sous-jacente de la société (p. 368).

Beneish (2001) note aussi qu'une grande partie des études sur l'hypothèse de la gestion des revenus dépendent de la performance de l'entreprise, ce qui suggère que « la gestion des revenus est susceptible d'être présente quand la performance d'une entreprise est soit exceptionnellement bonne ou exceptionnellement mauvaise ».

Avant une introduction en bourse, il y a relativement peu d'informations susceptibles d'atteindre les investisseurs. Ils doivent donc compter en grande partie sur le prospectus (Chaney et Lewis, 1995). Cela engendre une forte motivation pour les gestionnaires à gérer les résultats rapportés dans le but d'augmenter leurs recettes juste avant l'introduction en bourse (par exemple, Teoh, Wong et Rao, 1998; Teoh, *et al.*, 1998a; Rangan, 1998). Teoh *et al.* (1998) soutiennent que les investisseurs ne requièrent pas les compétences pour appréhender pleinement le degré dans lequel les entreprises introduites en bourse sont engagées dans des opérations de gestion des revenus.

Loughran et Ritter (1997) stipulent que les entreprises doivent planifier à l'avance afin de gérer les revenus. Cette gestion sera opérée en diminuant les revenus actuels afin de conférer un taux de croissance élevé à l'avenir ou accroître les recettes actuelles par des emprunts contre des gains futurs. Loughran et Ritter (1997) arguent que si les entreprises augmentent les recettes avant l'émission des actions, il existe un risque de diminution du rendement des actions. Devant une telle situation, les investisseurs risquent fort de surévaluer les nouvelles actions en référence à une interprétation erronée des bénéfices élevés déclarés au moment de l'offre. Ajoutons à cela une méconnaissance de la gestion de revenus symbole d'une augmentation transitoire de la rémunération (Teoh *et al.*, 1998a ; Rangan, 1998). Cette logique induit un fort risque de déception de la part des investisseurs de par un déclin de la performance après l'introduction en bourse ce qui implique aussi un réajustement de leur évaluation, qui à son tour provoque la mauvaise performance boursière du marché.

2.3. Controverse méthodologique

La sous-performance à long terme des IPOs a été récemment remise en cause par plusieurs chercheurs [Fama (1998) ; Barber et Lyon (1997) ; Kothari et Warner (1997) ; Lyon *et al.* (1999)]. Ces auteurs soulignent que les résultats varient dès lors qu'on prend en considération certains facteurs ou certaines méthodologies spécifiques.

2.3.1. Méthode de rendements composés et méthode de rendements cumulés

Les méthodologies les plus couramment utilisées par les auteurs pour calculer les rentabilités à long terme sont celles des rendements composés et des rendements cumulés. Selon Ritter (1991), les deux méthodes répondont à des problématiques différentes.

Grompers et Lerner (2003) valident l'existence d'une sous-performance sur un échantillon de 3 661 introductions sur le marché américain entre 1935 et 1972 grâce à l'utilisation de la méthodologie des rentabilités anormales cumulées de Fama (1998) ; tandis que Mitchell et Stafford (2000) insistent sur la méthode de rendements composés qui amplifie la sous-performance à long terme.

L'auteur Ritter (1991) soutient que cette même sous-performance à long terme est peut être due à un mauvais ajustement des rendements avec les risques systématiques variables dans le temps

Eckbo, Masulis et Norli (2000) estiment aussi que les résultats contradictoires s'expliquent par une défaillance dans les techniques de mesure et de contrôle du risque dans les entreprises référentielles. De nombreuses études de la performance du prix de l'action des IPOs comparent les rendements de l'introduction en bourse à celui du marché afin d'en calculer les rendements anormaux. Cela suppose que toutes les entreprises candidates à l'introduction en bourse ont un bêta égal à 1. La réalité comporte des données bien différentes. Aussi, la bêta est rarement égale à un pour toutes les entreprises ayant opéré une introduction en bourse, ce qui biaise l'estimation de la performance à long terme. Par exemple, si la version bêta d'une IPO est supérieure à 1, un biais à la baisse de performance ou de sous-performance se produira lorsque l'indice du marché au cours de la période diminue. Une situation similaire se reproduira dans un marché en progrès, dans lequel un biais à la hausse de la performance aura lieu.

Aggarwal et Rivoli (1990) indiquent que le rendement ajusté au prix de marché qui a été utilisé dans les études précédentes n'est peut-être pas anormalement bas.

Fama (1998) identifie un problème lié au benchmark, à savoir que les modèles CAPM peuvent être mal formulés, ce qu'il nomme le « *bad model problem* » (problème d'un benchmark inadéquat). Celui-ci ne peut être évité car aucun modèle de benchmark ne donne correctement le prix des actions (Fama et French, 1992). Plusieurs études s'appuient sur le modèle à trois facteurs de Fama et French (1993) comme une alternative à l'appariement sur une base entreprise par entreprise. Il s'agit bien ici d'une théorie d'évaluation par arbitrage (APT) modèle intégrant un facteur de marché, la taille et l'effet de *book-to-market.*

2.3.2. Des biais inhérents à chaque méthode

Barber et Lyon (1997), Kothari et Warner (1997) et Lyon *et al.* (1999) étudient la mesure des rendements à long terme. Ces études concluent qu'il y a erreur de spécification des performances anormales pour les entreprises choisies au hasard.

Barber et Lyon (1997) indiquent qu'il existe trois biais possibles induisant cette erreur de spécification.

- Le premier est connu sous le nom de la « nouvelle inscription », ce qui crée généralement un biais positif dans les statistiques de test (Lyon *et al.*, 1999). Son existence est validée par le fait que l'indice de référence du portefeuille du marché comprend les sociétés introduites récemment en bourse. Ces dernières connues empiriquement pour avoir des rendements anormalement bas, ont tendance à faire baisser les rendements moyens du marché.

- Le deuxième biais possible est un biais de « rééquilibrage ». Le rééquilibrage du portefeuille engendre un biais dans le calcul des rendements anormaux. La méthode des rendements composés est la meilleure solution puisque les titres sont conservés depuis l'achat jusqu'à la fin de la période considérée. Cette méthode tend à surestimer la rentabilité anormale sur le long terme et favorise le biais de dissymétrie de l'échantillon.

- Le troisième éventuel biais est le « *skewness* », en référence à une variation positive des rendements anormaux à long terme. Lyon *et al.* (1999) proposent une méthode statistique, avec ou sans des techniques de *bootstrapping*, permettant de tenir en compte ce biais.

Le biais de rééquilibrage ainsi que le biais de *skewness* créent généralement un biais négatif dans les rendements anormaux (Lyon *et al.*, 1999). L'apparition de la sous-performance de l'introduction en bourse peut être due à la fois aux deuxième et troisième biais décrits par Barber et Lyon (1997).

Les problèmes liés aux tests statistiques ont été mis en évidence par Brav (2000) et Mitchell et Stafford (2000). Ils précisent que les tests statistiques dans les études antérieures de la performance à long terme, en utilisant l'approche évènement-temps, souffrent de la dépendance au *cross sectional* des rendements. Les performances à long terme de différentes entreprises peuvent être corrélées quand les rendements sont agrégés au niveau de l'entreprise. Des problèmes se posent dans la construction d'inférence statistique lorsque le rendement sur les introductions individuelles en bourse se chevauche en raison de l'emploi des rendements des années multi-temps-évènements.

Mitchell et Stafford (2000) recommandent l'approche des portefeuilles calendrier-temps afin de rendre compte de la dépendance transversale de l'événement-temps des rendements anormaux. En suivant cette approche, le rendement pour chaque mois est calculé sur la base d'un portefeuille de sociétés introduites en bourse ayant opéré cette introduction au cours des trois ou cinq années précédentes (les rendements sont agrégés sur une base mensuelle).

Enfin, il est important de noter que toutes les théories de la sous-performance de l'introduction en bourse sont susceptibles d'expliquer la sous-performance du marché boursier et les performances opérationnelles. Pour exemple, certaines explications comportementales, tels que la divergence d'opinions ou les engouements, et les problèmes de mesure, n'expliqueront que la mauvaise performance à long terme du marché boursier, tandis que les coûts d'agence qu'une pauvre performance opérationnelle.

Section 3 : Examen des études empiriques relatives à la performance post-cotation et hypothèses de recherche

Après l'analyse des théories de la performance des IPOs nous allons tenter d'examiner, dans le cadre de cette section, la performance boursière à long terme. Ainsi, nous évaluerons, dans un premier temps, les études consacrées aux performances initiales. Dans un deuxième temps, nous formulerons les hypothèses relatives à la performance boursière des introductions en bourse.

3.1. Les études antérieures sur les IPOs

Deux volets de la littérature liée à la performance boursière des sociétés ayant opéré des introductions en bourse peuvent être distinguées. Le premier se concentre sur les IPOs dans le secteur privé, tandis que le deuxième examine les problèmes de la privatisation PIPO(s)[6], où une entreprise publique est privatisée via une introduction en bourse. Même si certaines études se limitent à l'analyse des introductions en bourse en général et ne distinguent pas entre les IPOs privées et les IPOs publiques, nous fournissons un examen des introductions en bourse en général qui comprend les IPOs privées ou une combinaison des IPOs privées et des IPOs publiques.

Nous proposons également un examen des études qui distinguent deux sortes d'introduction en bourse, ainsi que des études basées uniquement sur les IPOs publiques.

3.1.1. La performance du rendement initial

La sous-évaluation (des rendements initiaux) des introductions en bourse a été documentée dans de nombreux pays, à la fois dans les marchés développés et les marchés émergents.

Loughran *et al.* (1994) résument les données internationales sur les rendements initiaux provenant de 25 pays et suggèrent que les variations dans les performances à travers les différents pays peuvent être dues à la différence dans la réglementation, aux mécanismes contractuels, et aux caractéristiques des firmes introduites en bourse. Ritter (2003) réinitialise et élargit le tableau de Loughran *et al.* (1994) et liste les rendements initiaux moyens pour 38 pays à travers le monde.

Le tableau ci-dessous illustre le phénomène de la sous-évaluation dans ces différents pays. Les rendements initiaux présentés dans le tableau ont été calculés sous forme crue ou ajustée. Comme illustré dans ce tableau, l'évaluation initiale est plus élevée dans les marchés en voie de développement que dans les marchés développés.

[6] Public IPO.

Le degré de sous-évaluation, mesuré comme la différence entre le prix de l'offre et le prix à la clôture du marché sur le premier jour de cotation varie de 9,2% en Allemagne [Ljungqvist (1997)] à 289,2% en Chine (Mok et Hui, 1998).

Kandel *et al.* (1999) s'appuient sur un échantillon de 28 introductions en bourse. Ils soutiennent que les nouvelles informations diffusées lors de l'annonce de la vente aux enchères peuvent exprimer les rendements initiaux positifs observés. Leur conclusion ne confirme pas vraiment l'hypothèse de l'asymétrie d'information. Comme indiqué par Ritter (2003), l'utilisation de la méthode des enchères pour la tarification et l'allocation des IPOs a été associée à des rendements faibles mais positifs. Le niveau de sous-évaluation est généralement inférieur à celui des offres à prix fixe ou du carnet d'ordre.

Parmi les études précédentes réalisées aux États-Unis, on peut citer Stoll et Curley (1970), et Ibbotson (1975). Stoll et Curley (1970) déterminent une sous-évaluation moyenne de 42,4% pour un échantillon de 205 introductions en bourse au cours des années 1957, 1959 et 1963. Ibbotson (1975) a étudié les rendements du risque ajusté de 2 650 introductions en bourse au cours de la période de 1960 à 1969. Il signale une bonne performance initiale moyenne de 11,4%. Les résultats de ces études présentées dans le tableau suivant indiquent que les introductions en bourse aux États-Unis sont sous-évaluées.

Tableau 2 : Preuves empiriques sélectionnées sur les rendements initiaux des IPOs

Auteurs	Pays	Taille de l'échantil-lon	Période	Rentabilité à CT
Dawson et Reiner (1988)	Allemagne	97	1977-1987	21.5%
Ljungqvist (1997)	Allemagne	189	1987-1991	10.57%
Lee,Taylor and Walter (1996)	Australie	266	1976-1989	11.9%
Rogier et Manigart (1992)	Belgique	28	1984-1990	10.10%
Aggarwal,Leal et Hernandez (1993)	Brésil	62	1979-1990	78.5%
Jog et Riding (1987)	Canada	100	1971-1983	11%
Clarkson et Merkley (1994)		180	1984-1987	6.44%
Kim et Lee (1990)	Corée du Sud		1984-1986	37%
Kim, Krinsyet Lee (1995)		41	1985-1989	57.56%
Aggarwal, Leal et Hernandez (1993)	Chili	36	1982-1990	16.7%
Ibbotson (1975)		120	1960-1969	11.4%
Ritter (1991)		1 526	1975-1984	14.06%
Affeck Graves, Hegde et Miller(1994)		1 183	1975-1985	11%
Ritter et Welch (2002)		6 249	1980-2001	18.8%
Rahnema, Fernandez et Martinez (1992)	Espagne	71	1985-1990	35%

Jacquillat *et al.* (1978)		60	1966-1974	2.7%
Husson et Jacquillat (1989)		131	1983-1986	11.4%
Degeorge et Derrien (2001)		243	1991-1998	17.5%
Sentis (2001)	France	61	1991-1995	9.24%
Fougeron-Crouzet et Ginglinger (2001)		292	1983-1994	18%
Derrien et Womack (2003)		264	1992-1998	13.2%
Gajewski et Gresse (2005)		363	1995-2004	5.36%
Levis (1993)	G-B	712	1980-1988	14.3%
Cherubini et Ratti (1992)	Italie	75	1985-1991	27.2%
Cai et Wei (1997)	Japon	180	1971-1992	49%
Dawson (1987)	Malaisie	21	1978-1983	166.6%
Firth (1997)	Nouvelle-Zél.	143	1979-1987	25.87%
Lee, Taylor et Walter (1996)	Singapour	62	1987-1992	22%
Kunz et Aggarwal (1994)	Suisse	42	1983-1989	35.8%
Bennaceur (2001)	Tunisie	16	1990-1999	27.82%

Source *: Extraits de Loughran, Ritter et Rydqvist (2005) et autres articles.*

Des études menées au Royaume-Uni concluent aussi à des rendements initiaux positifs. Levis (1990) signale une moyenne de 8,6% pour les rendements boursiers ajustés pour un total de 123 introductions en bourse au cours de la période entre 1985 et 1988. Le niveau de sous-évaluation est inférieur à celui constaté sur le marché américain. En se basant sur ces résultats, l'hypothèse de la malédiction du vainqueur, testé par Levis (1990) se confirme.

Keasey et Short (1992) ont examiné 222 IPOs britanniques, cotés sur le « *Unlisted Security Market* » (USM) entre 1984 et 1988 par la méthode de placement et ont noté une sous-évaluation moyenne de 14%. Leurs résultats basés sur la méthode des moindres carrés ordinaires (OLS) démontrent que le niveau de l'incertitude d'une nouvelle émission a une certaine influence sur celui de la sous-évaluation, ce qui valide les travaux de Beatty et Ritter (1986). En utilisant un échantillon plus large pendant une période plus longue, Levis (1993) fournit des données sur 713 introductions en bourse couvrant la période entre 1980 et 1988, avec un rendement initial moyen de 14,3%. Cette évaluation initiale est semblable aux résultats présentés par Ritter (1991), même si ces deux études enquêtent sur des marchés différents.

Brennan et Franks (1997), Espenlaub et Tonks (1998, 2000), Khurshed *et al.* (1999), et Burrowers et Jones (2004) trouvent aussi des rendements initiaux positifs au Royaume-Uni.

En plus des États-Unis et de la Grande-Bretagne, le phénomène de sous-évaluation est également démontré en France et en Europe, (Degeorge et Derrien (2001), Ginglinger et Fougeron-Crouzet (2002), ou Derrien Womack (2003). La plus récente étude, menée par Gajewski et Gresse en 2005, montre qu'il y a une relation positive entre les rendements initiaux et la liquidité et que l'asymétrie d'information est négativement liée avec le degré de sous évaluation pour un échantillon de 363 introductions sur Euronext entre 1995 et 2004.

Globalement, l'examen de la littérature portant sur l'analyse du degré de sous-évaluation détermine l'existence des rendements initiaux positifs sur tous les marchés boursiers. Le niveau de sous-évaluation est relativement plus élevé sur un marché en développement que sur un marché qui serait développé et varie d'un pays à l'autre.

3.1.2. La performance des titres à long terme

Jusqu'à ces dernières années, les sous-performances des IPOs à long terme étaient considérées comme une évidence incontournable. Cette situation est la résultante de variétés de recherches faites sur plusieurs marchés boursiers avec l'utilisation de méthodologies relativement similaires. Les principaux travaux constatant une sous-performance des introductions au cours des 3 à 5 années suivant la première cotation sont ceux menés essentiellement aux États-Unis. D'autres recherches en Australie, en Malaisie, en Nouvelle-Zélande, en France, en Allemagne et au Royaume-Uni corroborent la performance anormale à long terme.

3.1.2.1. Les études portant sur un contexte international

Le nombre d'études qui analysent le cours des titres sur le long terme ne cesse de croître. La plupart des recherches ont examiné les rendements des entreprises après l'IPO et les ont comparés avec un marché de référence ou aux rendements réalisés par les entreprises similaires n'ayant pas opéré d'IPO.

❖ *Les études menées aux Etats-Unis*

Loughran et Ritter (1995) examinent les données de 4 753 émissions initiales sur le marché américain entre 1970 et 1990. Ils en concluent que les IPOs tendent à offrir des rendements significativement faibles à long terme. Ils signalent que les entreprises qui ont procédé à des IPOs sont clairement moins performantes (-26.9 %) que les sociétés non-émettrices pour une période cinq ans après la date d'introduction en bourse. D'après ces auteurs, la sous-évaluation peut être vraiment expliquée par l'excès d'optimisme de la part des investisseurs à propos des perspectives futures des sociétés nouvellement introduites en bourse.

Ritter (1991) analyse sur une période de 3 ans les performances de 1 526 introductions sur le marché boursier des États-Unis entre 1975 et 1984 et celles des entreprises cotées et possédant des caractéristiques identiques, et constate que la performance sur 3 ans après l'introduction est de 34,47% contre 61,86% pour celles des firmes comparables. Ritter (2003) suggère que la performance à long terme des prix d'actions est sensible à la méthodologie employée et à l'échantillon utilisé.

Diverses méthodes ont été utilisées pour mesurer les cours sur le long terme. Fama (1998) ou Mitchelle et Stafford (2000) envisagent une approche en temps calendaire (*Calendar-time Portefolio*). Elle sera donc adoptée dans le cadre de l'obtention en fréquence mensuelle des cours des titres de firmes ayant opéré une introduction en bourse durant la période d'étude (par exemple, trois ou cinq ans). Le portefeuille de ces firmes est recomposé chaque mois et les cours de ce mois sont alors calculés. En conséquence, une série chronologique des rendements du portefeuille est disponible pour estimer les rendements anormaux en utilisant un modèle tel que celui de Fama-French (modèle à trois facteurs). Les mesures les plus largement exploitées dans des analyses « évènement-temps » sont la méthode des rendements anormaux cumulés (RAC), la méthode de rendements composés anormaux *buy-and-hold* (BHAR), et enfin, la richesse relative (WR). Depuis les travaux de Loughran et Ritter (1995), les chercheurs ont également entrepris l'analyse en temps calendaire axée sur l'alpha du modèle à trois facteurs de Fama-French (1993). L'examen de la littérature dans le cadre de ce chapitre porte principalement sur les mesures ci-dessus, même si plusieurs chercheurs ont introduit des méthodes alternatives, telles que la méthode de décomposition (par exemple,

Jakobsen et Sorensen, 2001) ou des tests non paramétriques de domination stochastique (par exemple, Ho, 2003).

Jusque dans les années 1990, les recherches sur les cours à long terme des introductions en bourse étaient globalement moins importantes, même si la plupart des études démontraient une performance négative des actions sur le long terme [de un à cinq ans après l'introduction en bourse, par exemple, Stigler (1964); Stoll et Curley, (1970); Shaw, (1971); Ibbotson, (1975)].

L'article le plus largement cité sur les performances à long terme des IPOs est celui de Ritter (1991) qui examine la performance de 1 526 IPOs aux États-Unis, opérées de 1975 à 1984. Il constate que les IPOs américaines sont globalement moins performantes que les valeurs de références durant les trois années qui suivent l'introduction en bourse. L'auteur signale que les rendements moyens cumulés ajustés des entreprises (en excluant les rendements initiaux durant les 36 mois suivant l'IPO) sont de -29,1%. Dans son étude, il utilise d'autres portefeuilles de références afin de déterminer si les problèmes de mesure (choix des portefeuilles de références) peuvent expliquer la faible performance à long terme. En outre, Ritter tente de donner des explications plausibles de la sous-performance en classant son échantillon selon différents facteurs tels que : produit brut, rendements initiaux, secteur d'activité, année de cotation, et âge des entreprises. Il constate que les sous-performances significatives sont concentrées parmi les jeunes entreprises ayant opéré leur introduction en bourse durant des années de haute fréquence. Ce schéma correspond à un marché des IPOs dans lequel les investisseurs sont périodiquement trop optimistes quant au bénéfice potentiel des jeunes entreprises ou aux perspectives futures des sociétés émettrices. Les entreprises semblent également profiter des « fenêtres d'opportunité » quand elles vont choisir de s'introduire en bourse. En somme, ces résultats confirment les problèmes de mesure (choix du benchmark) et la théorie des « investisseurs euphoriques ».

Une autre étude réalisée par Loughran et Ritter (1995) examine la performance après l'émission de 4 753 introductions en bourse sur une période de vingt ans (de 1970 à 1990). Ils constatent aussi une sous-performance pour les investisseurs qui ont acheté des actions de sociétés opérant une IPO. Ces investisseurs sont rémunérés à seulement 5,1% par an pendant les cinq années suivant l'émission des titres, comparativement à une rémunération de 11,8% pour des firmes de taille similaire. Durant les trois ans suivant l'introduction en bourse, la moyenne des rendements « achat conservation » (*buy-and-hold*, BHAR) sur les entreprises ayant opéré des IPOs est de 8,4%, tandis que la moyenne des rendements « *buy-and-hold* » pour des entreprises similaires est de 35,3%. Cela indique que les entreprises ayant opéré des IPOs enregistrent une sous-performance de 26,9% par rapport à des entreprises similaires. Cette sous-performance est plus élevée lorsqu'on l'examine sur une période de cinq ans. La moyenne des rendements « achat conservation » des entreprises ayant opéré une IPO et des entreprises similaires est respectivement de 15,7% et 66,4%, avec une sous-performance de 50,7%. Loughran et Ritter ont également calculé la performance à long terme en utilisant 5 indices de références. La méthode de calcul du rendement « achat conservation » (*buy-and-hold*) BAHR et les mesures de richesse relative DW montrent que les titres des entreprises ayant opéré des IPOs sont moins performants que la totalité des indices de références. Ces résultats indiquent que la mesure de la performance à long terme est sensible à l'indice de référence utilisé.

Loughran et Ritter (1995) utilisent le modèle à trois facteurs de Fama-French (1993) pour mesurer la performance à long terme. Ils divisent leur échantillon selon la taille des firmes (petites ou grandes) et démontrent ainsi que les titres des entreprises ayant opéré une IPO sont moins performants que les titres des firmes similaires, et cela, dans toutes les catégories de l'échantillon. Leurs conclusions confirment l'hypothèse de l'opportunisme selon laquelle les entreprises ont tendance à s'introduire en bourse pour profiter de valeurs élevées des titres (surévalués).

Cependant, comme mentionné précédemment, la performance négative à long terme des cours des actions n'est pas uniforme selon les marchés, et même au sein d'un marché unique. Les études sur les cours des titres sur le long terme concluent fréquemment à des résultats contrastés. Comme l'ont noté Loughran et Ritter (1995) et Eckbo *et al.* (2000), les résultats des études sur la performance à long terme peuvent différer en raison des variations dans les méthodes pour mesurer les rendements anormaux.

En analysant l'impact du capital-risque sur la performance à long terme des introductions en bourse, Brav et Gompers (1997) examinent les effets de l'utilisation des benchmarks et des méthodes différentes estimant la performance à long terme de 934 IPOs soutenues par un capital-risque et 3 407 IPOs non soutenues par un capital-risque aux États-Unis sur une période allant de 1972 à 1992. En utilisant des rendements équipondérés, ces chercheurs constatent que les titres introduits en bourse en capital risque sont plus performants que les autres titres et ce sur une période de cinq ans. Ils constatent également que la « *value weighting return* » ou la pondération par la capitalisation boursière réduit considérablement la sous-performance relative aux benchmarks. Ils signalent que la sous-performance des introductions en bourse non soutenues par le capital risque est concentrée dans les petites entreprises. Toutefois, lorsque le modèle à trois facteurs de Fama et French (1993) est adopté, la sous-performance des petites entreprises non soutenues par le capital-risque ne peut pas être expliquée par ce modèle.

Michaely et Shaw (1994) testent les introductions effectuées par des intermédiaires introducteurs renommés et non renommés, à travers un échantillon de 889 introductions sur le marché américain entre 1984 et 1988. Ils concluent que les cotations faites par des agents de renommée présentent un rendement sur deux ans de -1.5 %, en revanche ce rendement est de -26.8 % pour les autres. Carter, Dark et Singh (1998) emploient la même méthodologie et obtiennent des résultats similaires à travers un échantillon de 2 292 introductions américaines entre 1979 et 1991.

Brav et Gompers (1997) constatent que les performances de 4 341 IPOs entre 1972 et 1992 sont similaires à celle des sociétés non émettrices et qui ont une taille et un ratio « *book-to-market* » similaires. Cela indique que la sous-performance est une caractéristique des petites entreprises qui ont un faible ratio « *book-to-market* » indépendamment du fait qu'ils possèdent des sociétés introduites en bourse ou pas.

Brav (2000) illustre l'utilisation de cette méthodologie en examinant les rendements à long terme des IPOs. Il en résulte une incompatibilité avec le modèle à trois facteurs de Fama et French (1993). L'auteur en conclut donc que l'hypothèse stipulant que les rendements anormaux sont indépendants et normalement distribués n'est pas validée sur le long terme.

Dans une étude récente sur le marché américain, Gompers et Lerner (2003) enquêtent sur 3 661 introductions en bourse opérées aux États-Unis de 1935 à 1972 sur une période allant jusqu'à cinq ans après l'introduction. Leurs résultats mettent en exergue la performance des introductions en bourse dépendante de la méthode utilisée pour mesurer les rendements. Ainsi, ils montrent qu'une sous-performance des titres est decelée lorsque la méthode BHAR (*buy-and-hold*) pondérée par la capitalisation est utilisée. Toutefois, des procédés bien connus tels que « l'équi-pondération » ou la méthode des « rendements anormaux cumulatifs » ne parviennent pas à déceler une sous-performance des titres introduits en bourse. La méthode du temps calendaire suggère, quant à elle, que les rendements des IPOs sont assez similaires aux benchmarks. Enfin, les méthodes du CAPM et du modèle à trois facteurs de Fama et French n'envisagent aucune performance anormale.

Suite aux travaux de Ritter (1991) ou de Loughran et Ritter (1995), des chercheurs aux États-Unis, au Royaume-Uni et dans d'autres pays ont tenté d'enquêter sur cette anomalie de rendement à long terme, notamment Loughran (1993), Carter *et al.* (1998), et Gompers et Lerner (2003) pour le marché américain, et Lévis (1993), Khurshed *et al.* (1999), et Espenlaub, Gregory et Tonks (2000) pour le Royaume-Uni. Leurs études se focalisent sur d'autres marchés notamment celles effectuées par Aggarwal, Leal et Hernandez (1993), Keloharju (1993), Hwang et Jayaraman (1995), Cai et Wei (1997), Firth (1997), Ljungqvist (1997), Page et Reyneke (1997), Huang (1999), Stehle, Ehrhardt et Przyborowsky (2000), Naceur et Ghanem (2001), Kooli et Suret (2004). En général, ces examens concluent que les titres des entreprises ayant opéré des IPOs sont moins performants que les valeurs de référence pendant une période de trois à cinq ans.

❖ *Les études européennes (Grande-Bretagne et Allemagne)*

A l'instar du continent américain, en Europe, les études académiques montrent des rendements anormaux sur le long terme. Le Royaume-Uni, la France et l'Allemagne sont les marchés boursiers les plus étudiés. Nous consacrerons une section spécifique pour les études françaises.

Levis (1993) étudie les IPOs sur le marché britannique entre 1980 et 1988. Il établit une sous-performance à 3 ans de 483 IPOs de -8% à -23% selon l'indice de référence utilisé. Espenlaub *et al.* (2000) mettent en évidence l'influence du choix de la méthode empirique. En examinant des nouvelles données de 588 entreprises introduites en bourse au Royaume-Uni entre 1985 et 1992, ils étudient les cours à long terme des titres sur une période de cinq ans en comparant les performance anormales de 588 IPOS et en se basant sur différents benchmarks selon les deux approches du temps calendaire et du temps-événement. Les cinq benchmarks utilisés dans cette étude sont les suivants : le CAPM (*Capital Asset Pricing Model*), le modèle de Dimson et Marsh (1986) (*the simple size-adjusted model*), le modèle multi-index utilisant le rendement sur le HGSCI moins le rendement sur le FTASI, le modèle à trois facteurs de Fama et French (1996) et le modèle d'Ibbotson (1975) (*Return Across Securities and Times* (RATS). Leurs résultats convergent vers des rendements anormaux négatifs très importants après les trois ans de l'offre, quelle que soit la référence utilisée dans leur approche évènement-temps. Toutefois, au cours d'une période de cinq ans, la sous-performance est moins spectaculaire et dépend de l'indice de référence appliqué. Leurs conclusions confirment les résultats de Ritter (1991), stipulant que la performance à long terme des introductions en bourse est sensible à l'indice de référence utilisé. Le même constat est réalisé par Georgen *et al.* (2007) sur 240 entreprises introduites sur le marché anglais sur la période de 1991 à 1995.

Ljungqvist (1997) met en évidence la sous-performance à long terme sur le marché allemand. Il étudie un échantillon de 145 introductions en bourse sur la période 1970 à 1993 et constate une sous-performance à 3 ans de -12.1%. Stehle *et al.* (2000) précisent, pour un échantillon de 187 introductions en bourse en Allemagne, sur la période 1960 à 1992, que ces IPO ne connaissent pas une rentabilité anormale comparées à des entreprises de même capitalisation boursière.

Sapusek (2000) rejette, sur la période de 1983 à 1993, l'hypothèse de performance anormale à 3 ans comparée à des entreprises similaires en termes de capitalisation boursière et de secteur d'activité. L'étude montre que les IPOs des années 80 ont une performance supérieure aux indices de marché de référence. En revanche, les entreprises introduites dans les années 90 affichent des sous-performances à long terme par rapport au benchmark.

Jaskiewicz *et al.* (2005) analysent sur la période 1990 à 2000 la performance à 3 ans de 153 IPOs sur le marché allemand et en déduisent alors l'existence d'une sous-performance des IPOs entre -32.8 % et -33.8 % selon l'indice de marché utilisé.

❖ *Les études menées en Asie et en Australie*

Contrairement aux études précédentes, les résultats de Kim, Krinsky et Lee (1995) révèlent que 169 entreprises listées à la Bourse coréenne entre 1985 et 1989 présentent de meilleures performances que les entreprises similaires cotées moins récemment. Ils suggèrent que leur étude ne valide pas l'hypothèse de la divergence d'opinions (Miler, 1977) et l'hypothèse « des investisseurs euphoriques » (Aggarwal et Rivoli, 1990) sur la performance à long terme. Une performance positive à long terme est également observée par Lee *et al.* (1996a), Allen *et al.* (1999) et Durukan (2002) pour les IPOs respectivement à Singapour, en Thaïlande et en Turquie.

Cai et Wei (1997) observent une sous-performance après examen d'un échantillon de 180 introductions sur le marché japonais entre 1971 et 1992. Les auteurs ont fait usage de différents benchmarks (indice du marché et portefeuille de référence).

Lee, Taylor et Walter (1996) remarquent une rentabilité anormale de -51.26% d'un échantillon de 266 introductions entre 1976 et 1989 en Australie sur trois années de cotation.

Il y a des résultats contradictoires en matière des rendements sur le long terme des IPOs en Australie. Lee *et al.* (1996b) constatent que les introductions en bourse australiennes présentent une sous-performance sévère sur la période des trois ans suivant l'IPO, tandis que Da Silva Rosa *et al.* (2003) ne trouvent aucune preuve de la sous-performance sur une période de deux ans suivant l'IPO sur le même marché.

❖ *Les études empiriques menées dans d'autres pays*

La sous-performance sur le long terme des IPOs est devenue un constat international. Les études de Dawson (1987) sur le marché de Hong Kong, Singapour et Malaisie constatent un déclin de la performance boursière respectivement de -9.3%,-2.7% et -18.2% pour l'année suivant de la date de l'introduction.

Aggarwal, Leal et Hermandez (1993) ont analysé les introductions de 62 entreprises *effectuées* sur le marché Brésilien entre 1980 et 1990, 44 entreprises sur la bourse Mexicaine entre 1987 et 1990 et 36 entreprises sur la bourse du Chili entre 1981 et 1990. Ils ont ainsi pu noter une sous-performance de -47%, de -19.6% et de -23.7% respectivement sur la bourse Brésilienne, Mexicaine et Chilienne trois ans après la date d'introduction.

Bennaceur et Omri (1997) ont examiné la performance à 120 jours et à 250 jours de 11 entreprises tunisiennes dont 5 sont publiques. Les auteurs ont souligné que les rendements sont de - 21% et -27.65%. Ces résultats peuvent être remis en cause vu le nombre restreint de l'échantillon. Plus récemment, Bennaceur (2001) étudie 16 introductions à la bourse tunisienne. Il observe une performance anormale de -22% sur 3 ans par rapport à l'indice Tunindex.

3.1.2.2. Les études menées en France

Pour les études françaises, nous pouvons citer les travaux de Jacquillat, Mac Donald et Rollot (1978) qui témoignent de l'existence d'une moyenne positive des rendements anormaux des IPOs sur le marché boursier français pour la période 1966-1974.

Leleux et Muzyka (1997) examinent la performance de 56 introductions en bourse entre 1985 et 1991. L'étude révèle une sous-performance significative de -29.2 % tandis que celle de Sentis délivre une performance négative de 79 IPOs sur le marché français pour l'ensemble de la période de l'étude qui s'étend entre 1987 et 1991. Il affirme que la performance boursière évolue positivement sur les deux premières années puis commence à décroître l'année suivante. Ces résultats confirment ceux de Leleux (1993).

Degeorge et Derrien (2001) ont étudié un échantillon de 243 introductions françaises entre 1991 et 1998. Le calcul de la performance a été fait en utilisant des données journalières. Les benchmarks utilisés sont : l'indice MIDCAC, l'indice sectoriel et des portefeuilles comportant des entreprises cotées sur le marché au comptant et présentant des similitudes avec les entreprises nouvellement introduites en termes de capitalisation boursière et de « *book to Market* ». Ils ont utilisé la méthode de rendement anormaux cumulés (CAR) et celle d'achat conservation (BHAR).

Les auteurs concluent que la performance à long terme est dépendante de la méthodologie de mesure de rendements anormaux. Ils ne perçoivent pas de rendements négatifs sur 36 mois en utilisant des portefeuilles de sociétés comparables. Cette sous-performance se manifeste lorsque les rendements sont comparés à ceux de leurs secteurs d'activités. Ces résultats sont similaires à ceux trouvés par Jacquillat, Mac Donald et Rolfo (1978).

En utilisant la méthode des rendements cumulés, Schuster (2003) précise pour un échantillon de 213 introductions en France que durant la période 1988 à 1998 les IPOs ne connaissent pas de rentabilité anormale sur le long terme. Chahine (2004) étudie 168 introductions sur le marché boursier français sur la période 1996 à 1998. Il conclue que l'hypothèse de performance anormale sur le long terme est rejetée. Gajewski et Gresse (2006) procèdent à cette analyse sur une période plus étendue entre 1995 et 2004 et constatent une sous-performance après 3 ans de 355 IPOs sur le marché Français de -36%. Ils ont, pour ce faire, utilisé deux benchmarks (indice CAC40 et SBF 250).

Le tableau suivant résume des études empiriques de la performance boursière à long terme des IPOs dans différents pays, depuis les années 1990. En résumé, une performance à long terme négative sur de nombreux marchés à l'échelle internationale est prouvée. Cependant, certains cas présentent des performances positives à long terme, principalement observées sur les données récentes des marchés développés ou en voie de développement. Plus particulièrement, les résultats semblent être sensibles aux méthodes utilisées pour mesurer la performance boursière à long terme.

3.2. Les études antérieures sur les IPOs de privatisation (PIPOs)

Megginson et Netter (2001) examinent les études empiriques sur la privatisation afin de déterminer si les investisseurs nationaux et internationaux qui achètent des actions issues de PIPOs auront des rendements initiaux positifs à long terme. Ils soutiennent que l'examen des PIPOs comporte un intérêt particulier puisque les entreprises qui procèdent aux IPOs de privatisation sont relativement plus importantes (en terme de taille) que les autres entreprises. Ils notent que les offres d'actions sont la meilleure méthode utilisée par le gouvernement dans le cadre de la privatisation des entreprises publiques afin d'atteindre son objectif politique. Il existe d'autres motifs pour les PIPOs comme par exemple: (i) augmentation des revenus de l'État, (ii) promotion de l'efficience économique, (iii) réduction de l'ingérence du gouvernement dans l'économie; (iv) construction de marchés plus concurrentiels; (v) soumission des entreprises publiques à la discipline de marché, et (vi) développement du marché financier local (p. 324).

3.2.1. La performance des rendements initiaux

Plusieurs études ont examiné de façon empirique le rendement initial des entreprises publiques dans un pays en particulier.

Parmi ces études, nous pouvons citer à titre non exhaustif celles de Lévis (1993), Menyah, Paudyal et Inyangete (1995) pour le marché Britannique, Paudyal *et al.* (1998) pour le marché Malaisien, Su et Fleisher (1999) et Chen, Firth et Kim (2004) pour le marché Chinois. Quelques études examinent les rendements initiaux des PIPOs multinationaux, y compris Perotti et Guney (1993), Dewenter et Malatesta (1997), et Jones, Megginson, Nash et Netter (1999). Les résultats de la plupart de ces études sont généralement similaires, ce qui suggère que les PIPOs produisent un niveau plus élevé de sous-évaluation que les IPOs privées.

En analysant les rendements initiaux de plus de 18 PIPOs et 77 IPOs en Malaisie au cours de la période qui s'étend entre 1984 et 1995, Paudyal *et al.* (1998) estiment les rendements initiaux offerts par les PIPOs et les comparent avec d'autres IPOs. Ils constatent que les IPOs en Malaisie sont sous-évaluées avec un rendement initial excédentaire. Ils signalent également que les PIPOs offrent des rendements initiaux significativement plus élevés que d'autres IPOs, avec une moyenne de rendement initial brut de 104,7% et un rendement initial de marché ajusté de 103,5%. Ces rendements sont beaucoup plus élevés que les 35,6% et 41,4% pour les PIPOs du Royaume-Uni rapportés, notamment par Levis (1993) et Menyah *et al.* (1995). Toutefois, les résultats de Paudyal *et al.* (1998) sont compatibles avec ceux de Perotti et Guney (1993), qui alignent une moyenne de rendement de 99,6% pour 13 PIPOs Malaisiennes. Paudyal *et al.* (1998) examinent le pouvoir explicatif de cinq variables: la sursouscription, la volatilité des marchés, la proportion de titres vendus, la réputation du souscripteur, et les risques *ex-ante* sur la prime initiale à l'aide des méthodes de moindre carrés ordinaires. Ces variables expliquent 78% de la variation dans les rendements excédentaires offerts par les PIPOs Malaisiennes, 10% des introductions en bourses privées et 36% de l'ensemble de l'échantillon.

Perotti et Guney (1993) rassemblent les informations disponibles sur les programmes de privatisation des trois pays développés, notamment la France, le Royaume-Uni et l'Espagne, et quatre pays en voix de développement, notamment le Nigeria, le Chili, la Turquie et la Malaisie. Ils constatent qu'il y a plus de sous-évaluation dans les PIPOs Malaisiennes, avec un prix boursier croissant et une prime moyenne d'environ 80% du prix de l'offre. Dewenter et Malatestat (1997) comparent les prix d'offre initial dans la privatisation des entreprises publiques et privées. Ils enquêtent sur les offres publiques portant sur 109 entreprises publiques et privées (38 au Royaume-Uni, 13 au Canada, 10 en France, 10 en Hongrie, 12 en Malaisie, 3 au Japon, 19 en Pologne et en Thaïlande). Ils constatent que les rendements initiaux sont un rendement journalier moyen non ajusté de 18% pour le Royaume-Uni.

Tableau 3 : Résumé des études empiriques de la performance boursière à long terme des IPOs dans différents pays

Pays	Etude	Période étudiée (échantillon d'introductions)	Résultats : rendement en %	
			CAR	BHAR
Allemagne	Ljungqvist (1997)	1970-1993 (180)	-	-12,11%*
Australie	Lee, Taylor et Walter (1996a)	1976-1989 (266)	EW CAR : -51,25%*	-
Australie	Da Silva Rosa *et al.* (2003)	1991-1999 (333)	-	EW B : -2,16% à VW B : 32,69
Brésil	Aggarwal, *et al.* (1993)	1980-1990 (62)	-	-47%*
Canada	Jog (1997)	1991-1992 (149)	-35,15% -43,66%	-
Canada	Kooli et Suret (2004)	1991-1998 (445)	EW C : -16,85% VW C :-9,39* EW C : -25,68% VW C : -19,23%*	EW B : -19,96%* VW B :-12,32%* EW B : -26,5%* VW B : -20,61%*
Chili	Aggarwal, *et al.* (1993)	1982-1990 (36)	-	-23,7%
Chine	Chan, Frankel et Kothari (2003)	1993-1998 (39, action type A)	-	De -3,56% à -19,77% selon appariement retenus
Chine	Chan, Frankel (2003)	1995-1998 (570)		De 25,06
Etats-Unis	Ritter (1991)	1975-1984 (1526)	-29,10%*	-27,39%*
Etats-Unis	Loughran et Ritter (1995)	1970-1990 (4753)	-	-26,9%*
Etats-Unis	Brav et Gompers (1997)	1972-1992 (4341) Deux sous échantillons : E1 : Sociétés soutenues par capital risque (934).	-	Sous-performance pour les deux sous échantillons quelque soit le benchmark utilisé sauf pour la taille et le book to market qui donnent : EW : 17% et VW :

		E2 : Société non soutenues par capital risque (3407)		4% (E1) ;VW : 0,9% (E2)
France	Degeoge et Derrien (2001)	1991-1998 (243)	-5% -40% -15%	9% -58% -8%
France	Gajewski et Gresse (2006)	1999-2004 (362)	-36,33* -36,96*	-56,86* -57,61*
Grande Bretagne	Levis (1993)	1980-1988 (712)	-11,38%* -8,31%* -22,96%*	-
Japon	Cai et Wei (1997)	1971-1992 (180)	-	-14,4%* à 66,9%* selon le benchmark

Ces rendements sont de 2,5% pour le Canada, 11,4% pour la France, 14,9% pour la Hongrie, 52,2% pour la Malaisie, 16% pour le Japon, 50% pour la Pologne et 46,6% pour la Thaïlande. Les rendements moyens ajustés au marché sont également tous positifs. Sur la base de leurs comparaisons entre les rendements initiaux de PIPOs et les IPOs privées, ils concluent que leurs résultats infirment surtout l'opinion selon laquelle tous les gouvernements ont tendance à sous-estimer des offres initiales à un degré plus élevé que les entreprises privées. Jones *et al.* (1999), qui ne se concentrent que sur les PIPOs (un échantillon de 630 entreprises) de 59 pays au cours de la période entre 1977 et 1997, constatent que les gouvernements sous-évaluent systématiquement les actions issues d'opérations boursières de privatisation, afin de privilégier les investisseurs nationaux, et utilisent généralement des méthodes de prix fixe dans la tarification de l'offre.

En conclusion, les résultats suggèrent que les PIPOs produisent un niveau encore plus élevé de sous-évaluation que les IPOs privées.

3.2.2. La performance à long terme des prix des actions

Les études relativement rares qui analysent la performance à long terme du marché boursier des PIPOs dans un pays particulier comprennent les études de Levis (1993) et Menyah *et al.* (1995) pour le marché Britannique, et Paudyal *et al.* (1998) et Sun et Tong (2002) pour le marché Malaisien. Plusieurs études examinent les preuves multinationales sur les rendements à long terme pour les PIPOs, y compris celles de Boubakri et Cosset (2000), Megginson, Nash, Netter et Schwartz (2000), et Comstock, Kish et Vasconcellos (2003). Les résultats de la plupart de ces études suggèrent qu'il existe une performance à long terme sur de nombreux marchés.

Boubakri et Cosset (2000) examinent la performance du prix d'actions de 120 PIPOs dans 26 pays en développement, couvrant la période entre 1982 et 1995. Ils signalent que les PIPOs produisent des rendements positifs initiaux, ajustés économiquement et statistiquement significatifs, adaptés selon la taille et le ratio « *book-to-market* ».

Les résultats suggèrent que la prévision des investisseurs augmente au cours des trois années suivant l'émission, même si au début du processus de privatisation, ils semblent être relativement pessimistes. En outre, en examinant les rendements à long terme pour les investisseurs dans 158 PIPOs de 33 pays entre 1981 et 1997, Megginson *et al.* (2000) témoignent de résultats similaires.

Paudyal *et al.* (1998) examinent aussi la performance à long terme. En France, l'étude de l'impact de la privatisation sur la performance opérationnelle des entreprises privatisées constitue le sujet d'étude d'Alexandre et Charreaux (2004) ou d'Albouy et Obeid (2007). Les indicateurs de la performance mesurés par les auteurs se basent sur les ratios de rentabilité, de productivité et d'investissement, d'endettement et d'emploi. Albouy et Obeid (2007) étudient un échantillon de 18 entreprises publiques privatisées sur la période 1986-2004. Ils constatent une augmentation des rendements boursiers des PIPOs par rapport aux indices des marchés, notamment à l'échantillon de référence. Ces conclusions peuvent être expliquées par l'asymétrie d'informations entre les émetteurs et les actionnaires à court terme et par les modifications portant sur l'organisation de l'entreprise privatisée et son fonctionnement productif.

En résumé, la plupart des études trouvent une performance à long terme positive sur de nombreux marchés, mais la sous-performance est également observée sur divers marchés. A cet effet, plusieurs études (par exemple, Menyah *et al.* 1995) indiquent que les PIPOs sont de meilleurs investissements à long terme que les IPOs privées.

3.3. Les études antérieures sur l'augmentation de capital (SEO)

Bien que l'objectif principal de cette étude soit l'examen de la performance des cours des titres introduits en bourse, ce chapitre explore également des éléments liés à la performance boursière des entreprises qui injectent des fonds supplémentaires ou qui procèdent à une augmentation de capital (SEOs)[7]. Les études de la performance à long terme du SEO comprennent celles de Loughran et Ritte (1995), Spiess et Affleck Graves (1995), Cai et Loughran (1998), Eck Bo *et al.* (2000), Brav, Geczy et Gompers (2000), Mathew (2002), ou Clarke, Dunbar et Kahle (2004).

Pour le cas des États-Unis, Loughran et Ritter (1995) constatent que les entreprises ayant opéré une augmentation de capital (SEO) ont un rendement boursier inférieur aux autres entreprises de 33,0% et 59,4% sur des périodes de trois et de cinq ans après l'opération d'augmentation. La moyenne des rendements bruts initiaux pour leur échantillon de sociétés SEO est de seulement 7,0% par an. A contrario, la moyenne des rendements initiaux pour les entreprises similaires en taille est de 15,3% par an sur une période identique. Cela indique que les sociétés ayant opéré des SEOs ont des cours boursiers moins performants que les entreprises similaires en taille de 8,3% par an.

Ils constatent que la mauvaise performance de leur échantillon de sociétés SEO n'est pas un résultat du choix des méthodes de mesure des rendements. En outre, ils concluent que la sous-performance persiste pendant toute la période examinée, et ce, quelques soient l'offre de taille et l'âge de l'entreprise. Ils soutiennent ainsi « l'hypothèse des fenêtres d'opportunité » de Ritter (1991) dans laquelle les gestionnaires tirent profit des informations spécifiques de la société pour émettre des actions lorsque le cours de l'entreprise est surévalué. Des résultats similaires sont observés par Cai et Loughran (1998) sur le marché nippon

[7] *Seasoned Equity Offerings.*

et Spiess & Affleck Graves (1995), et Clarke *et al.* (2004) pour le SEO au États-Unis.

En examinant échantillon de plus de 7 000 actions issues d'opérations d'augmentation de capital et d'offres de dettes pendant la période de 1964 à 1995, Eckbo *et al.* (2000) soulignent des différences de rendement entre un portefeuille d'entreprises ayant opéré une augmentation de capital et celles présentant une taille et un ratio « *book-to-market* » similaires. Ils concluent que le « puzzle de la nouvelle émission » est expliqué par une défaillance de la technique de correspondance de l'entreprise fournissant alors, un contrôle de risque adéquat.

Brav *et al.* (2000) utilisent un échantillon de 4 622 introductions en Bourse et 4 526 augmentations de capital entre 1975 à 1992, et constatent que la sous-performance existe surtout dans les petites entreprises émettrices ayant de faibles ratios « *book-to-market* ». Brav *et al.* (2000) observent également que les rendements de l'émetteur d'IPO sont semblables aux rendements des autres firmes ayant une taille et un ratio « *book-to-market* » similaires.

Cependant, il existe une sous-performance des rendements des émetteurs SEO, relative à plusieurs benchmarks. En outre, ils signalent que le niveau de sous-performance des IPOs et des SEOs a tendance à augmenter lorsque les rendements de *buy-and-hold* sont utilisés pour calculer la performance anormale. Mathew (2002) examine 744 SEOs au Japon entre 1975 et 1992, 415 SEOs en Corée entre 1979 et 1992, et 313 à Hong Kong entre 1982 et 1992. Conformément aux résultats des études antérieures, l'auteur (2002) observe que les sociétés opérant des augmentations de capital sur des marchés non restrictifs comme le Japon et Hong Kong ont de mauvais résultats pendant les 36 mois suivant l'émission. Les résultats confirment l'hypothèse que les gestionnaires profitent de l'information privée lors de l'émission du SEO. Cette conclusion va valider également l'hypothèse de Ritter (1991) selon laquelle les entreprises profitent des périodes ou les investisseurs sont trop optimistes quant à la valeur des actions. Toutefois, des rendements initiaux anormaux négatifs non significatifs ont été démontrés sur le marché boursier coréen qui connaît des formes de restrictions réglementaires ou organisationnelles. Mathew (2002) suggère que les résultats non significatifs observés sur le marché Coréen sont dus aux restrictions imposées ainsi que les lignes directrices fixées pour la tarification des émissions d'actions. Mathew (2002) affirme qu'une émission d'actions en Corée est donc plus susceptible d'être un indicateur de perspectives d'avenir plutôt qu'une tentative de la part de la direction de prendre avantage d'un prix de marché surévalué.

Pour résumer, le nombre d'études réalisées sur le marché français est faible. D'après la revue de littérature, nous sommes autorisés à spécifier que les sociétés émettrices de SEOs connaissent aussi des rendements anormaux négatifs similaires aux sociétés ayant opéré des IPOs.

3.4. Questions de recherche et formulation des hypothèses de recherche

3.4.1. Les questions de recherche

Les études portant sur la performance boursière des actions d'IPOs révèlent que ces investissements ont tendance à être sous-performants par rapport à des indices de référence, soit au sein même du marché, ou à celui d'une entreprise de taille similaire. Cependant, le consensus dans la littérature est moins évident concernant les questions méthodologiques sur l'estimation les performances boursières à long terme. Le débat porte notamment sur la manière de calculer les rendements des titres à long terme, l'indice de référence utilisé, et de mener les tests statistiques. Les problèmes méthodologiques qui existent dans l'estimation des rendements à long terme n'ont pas été résolus sur tous les marchés et la sur-performance importante observée dans les IPOs en France par exemple n'est pas très convaincante sans des tests statistiques plus robustes. Par conséquent, cette étude réexamine la robustesse des résultats précédents sur la performance des titres à long terme en France en utilisant différentes méthodes de mesure des rendements boursiers, des indices de références (benchmarks) variés, et des tests statistiques plus appropriés. La variété des méthodes utilisées nous permettra d'avoir une vision plus pertinente sur l'adéquation des résultats obtenus avec la méthode et le modèle utilisés.

Sur la base de la revue de littérature précédente, nous pouvons formuler les problématiques de recherche suivantes :

1- Est-ce que la performance boursière à long terme des titres d'IPOs est meilleure que celle des titres de référence (*Benchmark*) sur le marché boursier français ?
2- Les deux approches « évènement-temps » et « temps calendaire » produisent-elles les mêmes résultats ?

3.4.2. Les hypothèses de recherche

Plusieurs méthodes de mesure de la performance anormale ont été discutées dans la littérature (Barber et Lyon, 1997; Kothari et Warner, 1997 ; Lyon *et al.*, 1999). Comme l'ont noté Loughran et Ritter (1995), et Eckbo (2000), Gompers et Lerner (2003), ou encore Goodacre A. *et al.* (2007) les résultats des études portant sur la performance à long terme peuvent varier en raison des différences dans les méthodes de mesure utilisées. En effet, les résultats de Gompers et Lerner (2003) démontrent que la performance de l'IPO dépend de la méthode utilisée pour mesurer le rendement. Leurs résultats décèlent des signes de sous-performance lorsque la méthode « achat conservation » pondérée par la capitalisation est bien utilisée. Toutefois, la sous-performance disparaît avec l'emploi d'autres méthodes telles que la méthode « Achat Conservation » équi-pondérée ou des rendements anormaux cumulés. D'autre part, les résultats qu'ils tirent d'une approche en temps calendaire, comme le modèle à trois facteurs de Fama-French, suggèrent qu'il n'y a pas de performances anormales. Il est clair qu'une explication possible des résultats contradictoires sur les rendements à long terme anormaux est causée par des erreurs méthodologiques dans la mesure des rendements de long terme.

Barber et Lyon (1997) ou Kothari et Warner (1997) constatent que les tests statistiques pour la mesure des rendements boursiers à long terme sont mal formulés. Ils indiquent que ces tests sont très sensibles aux caractéristiques de l'échantillon telles que le ratio « *book-to-market* », la taille, l'admission à la cote et la période étudiée. Les tests statistiques paramétriques peuvent facilement comporter des biais, ce qui nous incite à privilégier des tests non paramétriques.

Les schémas multisectoriels et multi-chronologiques de la performance à long terme de l'IPO ont été examinés par plusieurs chercheurs. Par exemple, Loughran et Ritter (1995) signalent que le degré de sous-performance par les sociétés émettrices fluctue au fil du temps. Ils constatent que les IPOs qui se produisent dans les années où il y a peu d'émission ne présentent aucune sous-performance statistiquement significative, alors que les entreprises vendeuses d'actions durant une période où le nombre d'IPOs est conséquent, sous-performent fortement. Dans leur analyse des introductions en bourse au Japon, Hwang et Jayaraman (1995) n'observent pas de différences dans les rendements anormaux entre les secteurs d'activité étudiés pour l'échantillon des IPOs et l'échantillon des non-IPOs.

Cependant, Cai et Wei (1997) notent que dans la plupart des secteurs d'activité, les entreprises cotées Japonaises sont moins performantes que les entreprises de taille semblable non cotés. Ritter (1991) constate que les IPOs menées aux États Unis montrent une sous-performance à long terme, avec une tendance pour les petits émetteurs à cumuler les plus mauvaises performances après l'émission. Il rapporte également que les entreprises qui ont en moyenne les rendements initiaux les plus élevés ont aussi les rendements à long terme les moins performants, conformément à l'hypothèse dite des « *fads* » (engouement des investisseurs) d'Aggarwal et Rivoli (1990) et l'hypothèse de la « réaction excessive » de De Bondt et Thaler (1985, 1987). Page et Reyneke (1997), et Khurshed *et al.* (1999) concluent que le degré de sous-performance est plus élevé dans les petites entreprises.

Sur la base de la littérature citée ci-dessus, nous formulons les hypothèses suivantes:

- ***Hypothèse 1 :*** La performance boursière à long terme diffère selon le *Benchmark* utilisé : l'indice de marché ou l'indice sectoriel.
- ***Hypothèse 2 :*** La performance boursière à long terme diffère selon l'approche utilisée : approche évènement temps et approche du temps calendaire.
- ***Hypothèse 3:*** La moyenne des rendements anormaux à long terme diffère lorsque l'échantillon est classé selon l'année de souscription, capitalisation boursière, la taille, le risque et les rendements initiaux.

Conclusion

Ce chapitre a été séquencé en deux parties. Dans une première partie, nous avons passé en revue les théories existantes concernant la sous-évaluation des introductions en bourse et leur sous-performance à long terme. Les principales théories de la sous évaluation comprennent les informations asymétriques à base de modèles (la malédiction du vainqueur, carnet d'ordre, les modèles principal-agent et du signalisation), les facteurs institutionnels (la responsabilité juridique et la stabilisation des prix), les facteurs de propriété et de contrôle, et l'explication comportementale (cascades informationnelles). Les théories de la sous-performance, basées sur les rendements boursiers ou la performance d'exploitation, incluent des explications par les coûts de signalisation et de délégation, des explications comportementales basées sur les divergences d'opinion, de « l'euphorie des investisseurs », de la « fenêtre d'opportunité » et la gestion des résultats, ainsi que les problèmes de mesure.

Tandis que la deuxième partie de ce chapitre passe en revue les études sur la performance boursière des IPOs. Les résultats de ces études menées dans des pays développés et des pays en voie de développement indiquent que les investisseurs qui achètent les titres des entreprises nouvellement introduites en bourse recevront les rendements les plus élevés le premier jour de cotation. En examinant la performance boursière après l'émission de l'IPO, les résultats suggèrent généralement qu'il y a une performance à long terme négative sur de nombreux marchés. Cependant, résident aussi les preuves d'une performance positive à long terme sur le marché français et dans des études récentes sur divers marchés. Plus précisément, les résultats semblent être sensibles aux méthodes utilisées pour mesurer le rendement à long terme.

La revue de la littérature montre que les études basées sur les marchés boursiers n'ont pas eu la possibilité de définir si l'achat d'actions IPO est un bon investissement sur le long terme, ou si la performance est le résultat du choix des références (*benchmarks*) utilisés pour mesurer les rendements. Ces conclusions nous ont conduit à formuler des hypothèses spécifiques relatives à la performance du marché boursier que nous allons tester sur le marché français. Nous pouvons remarquer que les méthodologies adoptées par les différents auteurs pour calculer les performances à long terme des titres nouvellement introduits en bourse « IPO » et le choix des portefeuilles de référence « *benchmark* » ont contribué à l'ouverture de la voie de recherche sur ce sujet. A cet effet, dans le chapitre suivant, nous allons traiter une nouvelle approche d'analyse des rendements boursiers à long terme basée sur des données comptables.

Chapitre 2. Revue des études empiriques et hypothèses de recherche: performance opérationnelle des IPOs

LES études sur la performance boursière des nouvelles émissions d'actions ont été effectuées sur le marché français. En général, la littérature révèle que la performance boursière est faible sur la période post-cotation. Des études utilisant des données comptables ont été employées pour déterminer si l'on note aussi un déclin de la performance opérationnelle suite aux introductions en bourse. Cette méthode demeure peu exploitée. Jain et Kini (1994) constatent une diminution de la performance opérationnelle sur la période post-IPO sur le marché américain, à l'instar des pays asiatiques (Cai et Wei, 1997 ; Kim *et al.* 2002 et Kutsuna *et al.* 2002) et en Europe (Pagano *et al.* 1998, et Sentis, 2001). Ce chapitre fournit une revue des études empiriques qui mettent l'accent sur la performance comptable pré-IPO et post-IPO, puis élabore les hypothèses testables concernant la performance opérationnelle comptable des introductions en bourse.

Bien que cette étude se concentre surtout sur la performance comptable des entreprises ayant procédé à une IPO, la première partie de ce chapitre étudie les données empiriques sur les entreprises sujettes à des augmentations de capital (SEO). Puisque le SEO se produit après l'introduction en bourse dans le but de lever des capitaux supplémentaires, on peut envisager une tendance similaire de la performance à long terme pour les entreprises qui effectuent des SEOs. La deuxième partie de ce chapitre fournit les hypothèses liées à la performance comptable.

Section 1 : Explication théorique de la sous-performance opérationnelle

En France, la majorité des travaux empiriques portant sur les introductions boursières se concentrent sur les performances boursières (tableaux). Or les travaux sur les performances opérationnelles sont rares sur tous les marchés dans le monde. Jain et Kini (1999) démontrent empiriquement que la probabilité pour que les sociétés restent cotées en bourse (de 44.44% à 85%) dépend de ses rentabilités futures. En revanche, les études de Jain et Kini (1994) et Mikkelson *et al.* (1997) sur le marché américain démontrent une diminution des performances opérationnelles sur la période post-IPO. Cette diminution est également constatée sur le marché européen (Pagano *et al.* 1998 et Sentis, 2001a) ainsi que sur les places boursières asiatiques (Cai et Wei, 1997 ; Kim *et al.* 2002 ; et Kutsuna *et al.* 2002).

Ce déclin est attribué à l'effet *timing*, aux conflits d'agences et à la manipulation des résultats avant la cotation en bourse.

1.1. Explication théoriques de la sous-performance opérationnelle des IPOs

La dégradation de la performance opérationnelle post-IPO est évidente puisque les performances boursières connaissent un sort identique sur le moyen et le long terme. Parmi les rares travaux empiriques portant sur les performances opérationnelles post-IPO, nous citons ceux de Jain et Kini (1994). Les auteurs ont examiné l'échantillon de 682 entreprises entre 1976 et 1988, et constatent une dégradation des performances sur les années qui suivent celle de la première cotation.

Selon Jain et Kini (1994) les résultats obtenus peuvent s'expliquer selon trois facteurs : les conflits d'agence, le timing du marché, et la manipulation des résultats comptables avant la cotation en bourse.

1.1.1. Hypothèse d'agence

La principale justification de la décroissance des performances opérationnelles après la première cotation en bourse est celle avancée par la théorie des coûts d'agence. Cette dernière se manifeste dans un environnement où :

- Le dirigeant n'est pas l'unique propriétaire de la société. Les initiateurs de la théorie d'agence, Jensen et Meckling (1976), ont avancé que l'actionnaire dirigeant ne cherche pas à maximiser la valeur de la firme.
- Les actionnaires sont moins informés que les dirigeants. Même si ces derniers ont la possibilité d'appréhender différentes situations dans la mesure où ils participent à la gestion de l'entreprise.
- L'impossibilité de faire des contrats conduisant à prévoir des situations envisageables pour superviser et évaluer de manière objective les efforts fournis par les dirigeants.
- Les individus ont un comportement rationnel, ils essayent de maximiser leurs utilités et peuvent anticiper les conséquences des conflits d'agence sur la situation de leur patrimoine. Ils cherchent à dégager des profits fonction des positions dans lesquelles ils se trouvent. Ils sont donc opportunistes.
- Les actionnaires veulent maximiser leurs capitaux alors que les dirigeants préfèrent la maximisation de la valeur de la firme. La naissance d'un conflit d'intérêt entre les deux parties peut engendrer le déclin de la performance.

Suite à l'introduction en bourse, la structure de propriété de la firme se modifie. Les actionnaires dirigeants cèdent une partie de leur capital après les émissions des titres, d'où la naissance des conflits d'agences.

La performance des sociétés, dans lesquelles on signale l'existence de coûts d'agence, sera moins importante que celles où les actionnaires dirigeants sont propriétaires à 100%. Devant de pareilles situations, nous émettons l'hypothèse de la convergence des intérêts initiée par Berle et Means (1932), puis reprise par Jensen et Meckling (1976).

Selon Matanios et Paquerot (1999) *« les intérêts des actionnaires et dirigeants ne seront jamais parfaitement alignés, sauf lorsque ces derniers possèdent la totalité du capital de l'entreprise »*.

D'après Leland et Pyle (1977), le pourcentage du capital possédé par les actionnaires dirigeants informe sur l'existence de projets d'investissement rentables. Selon Jensen (1986) les dirigeants préservent leurs intérêts s'ils investissent les fonds levés au cours de l'introduction et les *cash flows* dans des projets non rentables. L'actionnaire dirigeant tend à accroître la valeur de l'entreprise, en revanche le dirigeant préfère maximiser sa fonction d'utilité au détriment des capitaux des actionnaires.

Le déclin de la performance opérationnelle post-IPO est expliqué selon Jain et Kini (1994) par la réduction de la participation de l'actionnaire d'origine suite à la dispersion de la structure de propriété de la firme. De même, Cai et Loughran (1998) proposent l'hypothèse selon laquelle il est souhaitable de présager un déclin des incitations des actionnaires à superviser les dirigeants et à bien maximiser la valeur de la firme après l'introduction. Si la partie de capital possédé par les actionnaires d'origine change sensiblement, la performance post-introduction peut donc diminuer.

Lorsque les dirigeants participent de manière conséquente à la constitution du capital, ils sont susceptibles d'échapper à tout contrôle et de ce fait gouverner d'une façon contraire à la maximisation de la valeur. C'est l'hypothèse de l'enracinement des dirigeants initiée pas Fama et Jensen (1983). Elle prédit une relation décroissante entre la performance et la participation des dirigeants au capital.

Selon Gérard Charreaux (1997), les dirigeants cherchent à s'enraciner en utilisant leurs droits de vote. Dans la même lignée, Kim Kitsabunnarat et Nofsinger (2004) précisent que les dirigeants, possédant une fraction importante du capital et dans la mesure où l'asymétrie d'information est élevée, favorisent la consommation des avantages en nature au détriment de la richesse de tous les actionnaires.

Les études de Shleifer et Vishny (1997), de La porta, Lopez de Silanes et Shleifer (1999) et Dharwadkar, ou de George et Brandes (2000) ont cristallisé les problèmes d'agence pouvant avoir lieu entre les actionnaires de contrôle et les actionnaires minoritaires.

1.1.2. L'hypothèse du *timing* du marché

Selon l'hypothèse de *Timing*, certaines firmes synchronisent leur première cotation avec des périodes où les performances opérationnelles affichent une tendance haussière anormale et momentanée. D'après Loughran et Ritter (1997), les dirigeants de l'entreprise qui est candidate à l'introduction induisent en erreur les nouveaux actionnaires. Ces derniers ne vont pas tenir compte d'un potentiel effet timing et baserons leurs anticipations sur les résultats publiés dans le prospectus. Un constat identique est révélé par Degeorge et Zeckauser (1993) pour des sociétés soumises à un *« reverse levrage buyout »*.

Benninga *et al.* (2005) montrent bien que les dirigeants synchronisent l'introduction en bourse avec les périodes où les nouveaux actionnaires surévaluent les bénéfices futurs des firmes. L'auteur prévoit que la firme déjà cotée peut alors choisir d'abandonner le marché boursier si l'anticipation de la valeur de la firme par ce même marché est négative.

1.1.3. Hypothèse de la gestion de résultats

Cette hypothèse est développée par plusieurs auteurs ; on peut notamment citer les travaux de Jain et Kini (1994) et de Loughran et Ritter (1995). Ces derniers insistent sur le fait que les firmes candidates à l'introduction vont s'engager dans une gestion agressive des résultats pour inciter les souscripteurs à choisir des comportements optimistes à l'égard des perspectives de l'entreprise émettrice.

D'après Teoh, Welch et Wong (1998), les actionnaires d'origine tendent à perfectionner les résultats afin de transmettre une image meilleure de la société avant l'émission des titres. Ce perfectionnement est la résultante d'un ajustement comptable des comptes de régulation discrétionnaires, ce qui va conduire à une surestimation de la performance post cotation. Les auteurs montrent aussi que les souscripteurs sont guidés par les résultats mais faisant acte de négligence quant à un ajustement par les dirigeants de la société émettrice, ils se permettent, alors, de payer des prix élevés. A partir du moment où la valeur réelle de la firme est devenue publique, la valeur des titres est révisée à la baisse. De ce fait, plus les améliorations des données comptables sont importantes, plus la correction des valeurs des titres seront importantes. Ce phénomène montre que les sociétés nouvellement cotées en bourse qui manipulent les résultats avant la cotation affichent une performance anormale à long terme. Ceci n'est valable que si le marché ne parvient pas à anticiper efficacement le comportement des dirigeants.

1.2. Revue des études empiriques sur la performance opérationnelle comptable

Comme pour la section sur la performance des marchés boursiers, il y a deux sortes de littérature liée à la performance opérationnelle comptable des entreprises d'IPOs. La première se concentre sur les IPOs dans le secteur privé et la seconde sur les IPOs de privatisation (PIPOs).

1.2.1. Etudes antérieurs sur les IPOs en général

Les rares études qui ont porté sur la performance opérationnelle basée sur les données comptables des titres issues d'IPOs sont assez récentes. Les résultats de sous-performance à long terme, attestés dans les études réalisées avec utilisation de données boursières, ont été confirmés par plusieurs études sur la performance opérationnelle à long terme et ce, aussi bien sur le marché américain, que sur les marchés européens et asiatiques.

Le tableau présenté dans l'annexe 1 résume les différentes études empiriques : Jain et Kini (1994, 1995), Cai et Wei (1997), Mikkelson, Partch et Shah (1997), Pagano, Panetta et Zingales (1998), Kutsuna, Okamura et Cowling (2002), Chan, Wang et Wei (2003), Khurshed, Paleari et Vismara (2003), Balatbatet al. (2004), Coakley, Hadass et Wood (2004), Kim *et al.* (2004), et Wang (2005).

La première étude faisant examen de la performance opérationnelle des entreprises des IPOs est menée par Jain et Kini (1994). Ils analysent l'évolution des performances opérationnelle de 682 actions issues d'IPO aux États-Unis sur la période portant entre 1976 et 1988. Ils mesurent la performance opérationnelle se servant du taux de rentabilité économique des actifs nets (donnée issue d'une comptabilité d'engagement) et le taux de croissance du chiffre d'affaires. Ils soulignent une baisse significative dans les deux mesures de performance opérationnelle pour la période de trois à cinq ans suivant l'introduction en bourse par rapport à la performance d'un an avant la cotation. Cependant, le flux de trésorerie opérationnel est calculé comme le bénéfice opérationnel moins les dépenses en capital, ce qui constitue une opérationnalisation approximative et biaisée (Bowen *et al.*, 1986)[8]. Ces auteurs soutiennent que le rendement opérationnel en baisse dans la période post-IPO ne peut pas être attribué à celle de l'activité de l'entreprise (manque de croissance des ventes ou les réductions dans les dépenses en capital post-IPO) car les entreprises incluses dans l'échantillon ont affiché une forte croissance des ventes et des dépenses en capital après leurs introductions en bourse. Des résultats similaires sont

---

[8] Bowen *et al.* (1986) définissent cinq mesures des flux de trésorerie (CF): (i) NIDPR = résultat net avant éléments extraordinaires et les activités abandonnées (NIBEl) + dépréciation et amortissements (DPR), (ii) WCFO = NIDPR + ajustements pour « l'autre » élément de NIBEl n'affectant pas le fonds de roulement ; (iii) = CFO WCFO - changement dans les actifs courants hors trésorerie provenant de l'exploitation + variation des passifs courants provenant de l'exploitation.

également trouvés par Chan *et al.* (2003) pour les IPOs chinoises.

Par ailleurs, Jain et Kini (1994) ont analysé la relation entre la sous-évaluation et la performance opérationnelle à long terme pour vérifier si, comme pour le modèle de sous-évaluation basé sur la théorie des signaux, les entreprises sous-évaluant le plus assurent des performances opérationnelles post-IPO supérieures. Néanmoins, aucune preuve formelle ne vient étayer cette hypothèse. Enfin, ils étudient la relation entre la part de capital non soumise à l'IPO et la performance à long terme post-IPO afin de s'assurer que cette part de capital retenue par les actionnaires d'origine peut agir comme un signal de la valeur de l'entreprise, étant donné que les propriétaires conserverons une proportion importante du capital s'ils s'attendent à un flux de trésorerie futurs élevé par rapport à la valeur des entreprises présentes. Enfin, ils perçoivent une relation positive entre la performance opérationnelle post-IPO et la rétention de capital. Ceci supporte la théorie de l'agence de Jensen et Meckling (1976), selon laquelle une rétention de capital importante réduit les incitations à entreprendre des projets non rentables.

Jain et Kini (1994) examinent les attentes du marché et l'évolution des bénéfices afin de savoir si les investisseurs valorisent la société (ayant opéré une introduction en bourse) en supposant que la croissance des bénéfices continuera. Les trois mesures disponibles, le ratio du « *market-to-book* » (MTB), le ratio prix/bénéfices et le bénéfice par action « *Price Earning Ratio* » (PER)) diminuent après les introductions en bourse. Les valeurs comptables élevées dans la période de pré-cotation impliquent que les investisseurs ont des attentes de croissance des bénéfices élevés à l'avenir, mais le déclin de ces valeurs dans la période post-cotation atteste que les attentes en questions ne sont pas accomplies. Les auteurs suggèrent plusieurs explications possibles : (1) le problème d'agence décrit par Jensen et Meckling (1976), (2) les fenêtres d'opportunité de la performance pré-cotation, et (3) la synchronisation des managers de leurs IPOs pour suivre les excellentes périodes de rendement.

Jain et Kini (1995) ont entrepris une étude similaire, mais se sont d'avantage concentrés sur les écarts potentiels entre les IPOs à capital-risque et les IPOs à non capital-risque. Ils trouvent aussi une baisse significative pour les deux groupes par rapport aux niveaux pré-cotation, mais la baisse est nettement plus élevée pour les introductions en bourse ne présentant pas un caractère à capital-risque. Leur étude a été reproduite à partir des données du Royaume-Uni par un document de travail de Coakley *et al.* (2004). Contrairement aux résultats de Jain et Kini (1995), ces derniers démontrent que le différentiel de la performance opérationnelle entre les IPOs à capital-risque et les autres IPOs n'est pas significatif pour l'échantillon du Royaume-Uni.

Une autre étude réalisée par Mikkelson *et al.* (1997) examine le rendement opérationnel de 283 firmes Américaines dix ans après leur introduction en bourse, entre 1980 et 1983. Ils ont comparé les entreprises cotées avec d'autres non cotées en se basant sur le secteur d'activité, l'activité et la taille (valeur comptable des actifs) et l'activité et la performance (niveau de rendement opérationnel des actifs ou de rendements sur les ventes). Ils constatent que la performance opérationnelle des entreprises ayant opéré des IPOs est plus élevé que celle des autres entreprises dans la période pré-cotation, mais moindre dans la période post-cotation. Cependant, les changements significatifs dans les performances opérationnelles sont limités à la période d'introduction (de l'année (n-1) à l'année (n+1)). Il n'y a pas de nouvelles baisses significatives de la performance des entreprises cotées durant les dix années suivantes leurs introductions. Contrairement à Jain et Kini (1994), Mikkelson *et al.* (1997) ne trouvent pas de relation entre la performance opérationnelle et la structure de propriété. Cependant, les ventes secondaires par les actionnaires actuels, la taille et l'âge des entreprises, contribuent à expliquer la variation de la performance opérationnelle.

Cai et Wei (1997) examinent la performance opérationnelle à long terme (sur la période de -5 et +5 années suivant l'IPO) pour 180 firmes opérant une introduction sur la Bourse de Tokyo au cours de la période entre 1971 et 1992. Ils trouvent une augmentation importante de la performance opérationnelle dans la période pré-cotation et une baisse importante lors de la période post-cotation. Comme Jain et Kini (1994), ils utilisent aussi un « mauvais » indicateur pour mesurer les flux de trésorerie, comme l'ont soutenu Bowen *et al.* (1986). Contrairement à Jain et Kini (1994) pour le marché américain, ils constatent que la détérioration post-IPO de la performance opérationnelle n'est pas liée à des changements dans la structure de propriété. Toutefois, Kutsuna *et al.* (2002), qui examinent le même marché, trouvent des preuves qui s'opposent à celles rapportées par Cai et Wei (1997), en soutenant l'hypothèse que la détérioration de la performance opérationnelle en période de post-cotation est en partie attribuable à la réduction de la part de capital retenue par les actionnaires dirigeants.

Teoh *et al.* (1998a), bien que essentiellement concentrés sur la gestion des bénéfices et la performance à long terme des prix des actions aux États-Unis, étudient également la performance comptable mesurée par la rentabilité des actifs nets et les flux de trésorerie actualisés par actif. Ils constatent que le rendement moyen des actifs est nettement positif à l'année de cotation, mais diminue ensuite négativement à la quatrième année. Contrairement à la comptabilité d'exercice, le rendement des flux de trésorerie sur les actifs débute difficilement dans l'année d'émission et s'améliore d'une façon monotone à la sixième année. Dans une étude similaire de 64 introductions en bourse Néerlandaise, Roosenboom *et al.* (2003) constatent que la baisse du rendement des flux de trésorerie sur les actifs de l'année (n - 1) à l'année n est beaucoup plus importante que la baisse du rendement des actifs. Leurs résultats semblent contradictoires avec ceux observés par Teoh *et al.* (1998a).

Shelor et Anderson (1998) examinent les changements dans la performance opérationnelle entre les sociétés de placements immobiliers « *Real Estate Investment Trusts* » (REIT) au cours de l'année précédant et les deux années suivant l'introduction. En utilisant la rentabilité des actifs nets et d'autres mesures de performance (le ratio de rotation des actifs et le ratio de croissance du chiffre d'affaires) ils constatent que les mesures du rendement post-cotation augmentent de manière significative, contrairement aux résultats antérieurs pour les sociétés non financières. Toutefois, Shelor et Anderson (1998) ne comparent pas la performance à d'autres points de repère tels que les entreprises de placement immobilier plus anciennement présentes en bourse. Par conséquent, leurs résultats pourraient être influencés par un facteur commun qui améliore la rentabilité dans le secteur des placements immobiliers plutôt que par le fait de l'introduction en bourse.

Chun et Smith (2000) ont analysé la performance de 325 sociétés coréennes nouvellement introduites en bourse entre 1986 et 1995. Les auteurs avancent que la rentabilité des actifs (ROA), a diminué pour l'ensemble de l'échantillon : elle est de - 2.6% la première année et de - 4.2% la cinquième année. Les explications avancées par ces auteurs sont semblables à celles de Degeorge et Zeckhauser (1993), à savoir l'augmentation des coûts d'agence, la manipulation des résultats et le timing de l'introduction multi-facteurs auxquels on peut attribuer les causes du déclin de la performance post-IPO.

Dans une étude plus récente, Kim *et al.* (2004) examinent la performance opérationnelle de 133 firmes introduites en bourse en Thaïlande entre 1987 et 1993. Ils constatent que les mesures de la performance basée sur la comptabilité d'exercice et le flux de trésorerie déclinent après l'introduction en bourse. La mesure des flux de trésorerie est calculée comme le bénéfice avant les intérêts et les impôts, y compris les amortissements, ce qui est aussi perçu comme un mauvais indicateur par Bowen *et al.* (1986). Comme Jain et Kini (1994) et Chan *et al.* (2003), Kim *et al.* (2004) enquêtent sur la source de la sous-performance de l'IPO en observant la croissance des ventes, le chiffre d'affaires d'actifs, et des mesures de dépenses du capital. Leurs résultats corroborent une augmentation des ventes de manière significative au cours des quatre années suivants les introductions en bourse. Toutefois, la rotation de l'actif et les dépenses en capital ont toutes les deux tendance à diminuer au cours de la période post-IPO. Ils suggèrent donc, que les changements dans les ventes et les niveaux de dépenses en capital n'expliquent pas entièrement la performance opérationnelle inférieure dans la période de post-cotation.

Kim *et al.* (2004) examinent en profondeur la relation entre la part de capital détenue par les dirigeants et la performance opérationnelle. Grâce à l'analyse de régression, ils mettent en exergue une relation curvilinéaire entre la part de capital détenue par les dirigeants et le changement pendant la performance post-IPO. Plus particulièrement, il existe une relation positive entre la propriété managériale et le changement dans la performance pour les entreprises avec un niveau de capitaux détenus par les dirigeants « faible » et « élevé », qui appuie la théorie de l'agence de Jensen et Meckling (1976). En revanche, ces derniers déterminent une relation négative pour des niveaux « intermédiaires » de détention de capital, ce qui est compatible avec l'hypothèse d'enracinement des dirigeants de Fama et Jensen (1983). Cette hypothèse soutient que les dirigeants n'ont pas la possibilité de maximiser la richesse des actionnaires quand ils conservent plus d'actions après l'introduction en bourse. Toujours selon ces auteurs, cette relation linéaire expliquerait le conflit entre les résultats de Jain et Kini (1994) ou de Mikkelson *et al.* (1997). Contrairement à Jain et Kini (1994), les résultats de Kim *et al.* (2004) sont compatibles avec ceux de Mikkelson et al. (1997), qui perçoivent aussi une relation positive entre la part de capital détenue par les dirigeants et la performance de l'entreprise.

Wang (2005) a étudié 747 introductions sur le marché chinois pour la période 1994-1999. L'auteur souligne une diminution de la performance mesurée par la rentabilité des actifs ROA qui passe de 9.3% (3 ans avant IPO) à 6.4% (3 ans après IPO). En se basant sur la structure de propriété, Wang (2005) n'observe pas de liaison entre le pourcentage du capital détenu par les actionnaires dirigeants ou par l'Etat et la performance post-cotation. Ces conclusions restent valables lorsque le capital est concentré entre les mains des actionnaires majoritaires. Toutefois, d'après Wang, la relation entre la concentration de capital et l'évolution de la performance à long terme est curviligne.

1.2.2. Les études européennes

Concernant le marché européen, nous ne possédons qu'un nombre restreint de travaux empiriques sur cette problématique. Sur le marché britannique, des études sont menées par Khurshed *et al.* (2003), Coakley, Coakley et Wood (2007). En France, les seuls travaux portant sur la performance opérationnelle sont ceux de Sentis (2001) et Serve (2004). Parallèlement, en Italie, Pagano *et al.* (1998) s'inscrivent dans la même démarche

Il semblerait que la première étude examinant le rendement opérationnel des entreprises ayant opéré une introduction en bourse sur le marché Britannique soit un document de travail émis par Khurshed *et al.* (2003), couvrant la période entre 1995 et 1999. Leur étude reprend fondamentalement l'analyse de Jain et Kini (1994), mais en fonction des données du marché Britannique. Ils examinent le niveau moyen et les changements de l'année pré-IPO à l'année de l'IPO ainsi que pour chacune des trois années suivantes. Ils démontrent une baisse significative de la performance opérationnelle des entreprises introduites en bourse au Royaume-Uni dans les trois années suivant l'évènement. Toutefois, les entreprises montrent une forte croissance dans le niveau des actifs, les gains et le flux de trésorerie nets après l'IPO. Les auteurs suggèrent que la culture d'entreprise du Royaume-Uni serait trop focalisée sur la croissance.

Conformément à Jain et Kini (1994), Khurshed *et al.* (2003) ne signalent aucune relation entre la sous-évaluation initiale et la performance opérationnelle à long terme. Cependant, ce résultat ne valide pas la théorie du signal de la sous-évaluation. Ils enquêtent également sur le niveau des ratios du marché et donnent des preuves de la diminution de leurs niveaux suite aux introductions en bourse, ce qui suggère que les investisseurs possèdent systématiquement des prévisions biaisées quant aux perspectives de bénéfices dans la période post-IPO.

Coakley, Coakley et Wood (2007) ont analysé la performance opérationnelle post-cotation sur la période 1985-2003 de 316 entreprises cotées sur le marché boursier de Londres, soutenues par un capital risque, et 274 entreprises non soutenues par un capital risque. Les auteurs constatent une diminution de la performance sur les cinq années suivant l'introduction. Le ratio « cash flow d'exploitation sur total de l'actif » enregistre une diminution de -1.52% de l'année précédant l'introduction jusqu'à la cinquième année.

La diminution de la performance constatée post-IPO de l'entreprise cotée pendant les années 1998-2000 confirme l'hypothèse du « timing du marché » qui stipule que les entreprises choisissent de se faire coter en bourse lorsque le marché surévalue les nouvelles émissions. Ces résultats corroborent ceux avancés par Ljungqvist, Nanda et Singh (2006).

Sentis (2001a) a analysé les performances économiques de 61 introductions sur le marché français couvrant la période 1991-1995 ; il a regroupé les sociétés cotées avec un groupe de société non cotées selon deux critères : taille et secteur d'activité. Sentis a alors observé que les entreprises nouvellement introduites en bourse marquent une diminution de la rentabilité économique réductible au fil du temps (de 4.8% à 0.14%).

Cette diminution des performances opérationnelles, incite l'auteur à soumettre la relation entre ces dernières et la partie du capital introduite sur le marché. A cet effet, les résultats du test ne spécifient aucune différence significative entre les deux échantillons d'entreprise observable.

Cette faible significativité des résultats dégagée par Sentis (2001) s'explique essentiellement par la taille pondérée de l'échantillon. Aussi, envisageons-nous une recherche nantie d'un échantillon plus conséquent. Cette démarche fait partie intégrante de nos visées dans le chapitre empirique de notre étude.

Serve (2004) a analysé la performance économique de 115 sociétés nouvellement introduites sur le nouveau marché entre 1996-2000. L'auteur a stipulé une forte diminution de la rentabilité économique (Excédent brut d'exploitation divisé par le total des Actifs) sur les trois années à partir de la date de la première cotation. Cette diminution est comprise entre -6,7% l'année précédant l'introduction et -10.74 sur les trois années suivant la date d'introduction. Afin de donner des raisons à cette diminution, Serve (2004) a utilisé la même méthode que Sentis (2001a), Cette dernière consiste à décomposer la rentabilité économique en un taux de marge économique (Excédent brut d'exploitation divisé par le chiffre d'affaires) et un taux de rotation des actifs (le chiffre d'affaires divisé par les actifs). L'utilisation de cette méthode confirme que le déclin de la rentabilité économique résulte de la diminution du taux marge économique et du taux de rotation des actifs. Contrairement à Sentis (2001a), ce dernier montre que la dégradation du taux de rotation des actifs parmi les entreprises cotées est la cause principale du déclin des performances économiques même si elles affichaient un taux de marge économique plus important que les entreprises non cotées.

En ce qui concerne le marché italien, Pagano *et al.* (1998) ont étudié les déterminants de la décision d'une introduction en bourse afin d'en analyser les conséquences. Ils constatent que la performance financière calculée par la rentabilité des actifs diminue après l'introduction (-1% la première année jusqu'à -3% la troisième année) ce résultat signifie notamment que les actionnaires d'origine peuvent synchroniser l'introduction en bourse avec une amélioration des bénéfices ou suite à des manipulations de résultats.

Pagano *et al.* (1998) témoignent du décroissement sensible suite à l'introduction en bourse et constatent aussi une augmentation des dettes due à l'augmentation du pouvoir de négociation avec les banques.

En résumé, toutes les études convergent vers une démonstration commune : les deux mesures de la performance opérationnelle (comptabilité d'exercice et comptabilité de caisse) diminuent dans la période post-IPO. Toutefois, le degré de détérioration de la performance basée sur des mesures fondées sur la comptabilité d'exercice et les flux de trésorerie est différent. Ainsi, Cai et Wei (1997) constatent une baisse significativement plus importante dans la comptabilité d'exercice que dans la comptabilité de caisse, tandis que Chan *et al.* (2003) enregistrent des baisses similaires dans les deux mesures. Cette conclusion s'appuie largement sur des études d'entreprises dans des marchés développés. Il n'existe aucune étude publiée à ce jour relatant la performance opérationnelle comptable sur les introductions en France selon ces deux approches. La mesure basée sur des flux de trésorerie utilisée par Jain et Kini (1994), Cai et Wei (1997), Chan *et al.* (2003), Coakley *et al.* (2004), et Kim *et al.* (2004) est optimisée par le bénéfice opérationnel moins les coûts de capital, ou par l'excédent brut d'exploitation avant impôt, taxes et dotations aux amortissements. Même si ces études testent la robustesse de leurs résultats en utilisant l'approche basée sur le flux de trésorerie, moins perméable aux manipulations comptables, ils n'utilisent pas une mesure « améliorée » des flux de trésorerie qui intègre des ajustements supplémentaires tels que suggérés par Bowen *et al.* (1986).

Tableau 4 : Les études antérieures des performances opérationnelles de différents pays

Pays	Etude	Période étudiée (échantillon d'introductions)	Résultats (déclin des performances opérationnelles post-introduction)	Hypothése retenue
Corée du sud	Chun et Smith (2000)	325 introductions sur la période (1986-1995) fenêtre (n-1 : n+5)	Entre 2,6% et 4,2%	Hypothèse du timing
Etats-Unis	Jain et Kini (1994)	682 introductions sur la période (1976-1988) fenêtre (n-1 : n+3)	Entre 2,91% et 10,53% (Hausse des ventes et des dépenses d'investissement).	Hypothèse d'agence
Etats-Unis	Mikkelson, Partch, Shah (1997)	283 introductions sur la période (1980-1983) fenêtre (n-1 : n+10)	Entre 8% et 10%	Hypothèse du timing
Etats-Unis	Shelor et Anderson (1998)	168 introductions (REITS) sur la période (1976-1995) fenêtre (n-1 : n+2)	Résultats mitigés : les acteurs affirment que les performances se sont améliorées (entre n-1 et n+1) malgré une baisse comprise entre -1% et -6% pour trois mesures de la performance entre n-1 et n+2, (si l'échantillon global est considéré).	
Etats-Unis	Degeorge et Zeckhauser (1993)	62 Reserve LBOs sur la période (1983-1987) (1) fenêtre (n-1 : n+1)	Hypothèse de manipulation des résultats comptables	Hypothèse du timing
France	Sentis (2001a)	61 introductions sur la période (1991-1995) fenêtre (n 1 : n+2)	Validation partielle de l'hypothèse d'agence	
France	Serve (2004)	115 introductions à la cote du nouveau marché sur la période 1996-2000 fenêtre (n-1 : n+3)		Hypothèse du timing

Grande Bretagne	Khurshed, Paleari et Vismara (2003)	411 introductions au sur la période : 1995-1999 fenêtre (n : n+3)	Hypothèse de manipulation des résultats comptables	
Grande Bretagne	Coakley, Hadass et Wood (2007)	590 introductions sur la période : 1985-2003.(2) fenêtre (n-1 : n+5)		Hypothèse du timing
Italie	Paga no, Panetta et Zingales (1998)	69 introductions sur la période (1996-2000) fenêtre (n-1 : n+3)		Hypothèse du timing
Japon	Cai et Wei (1997)	180 introductions sur la période : 1971-1992 fenêtre (n-5 : n+5)		Hypothèse du timing
Japon	Kustsuna, Okamura, Cowling (2002)	247 introductions au JASDAQ sur la période : 1995-1996 fenêtre (n-5 : n+3)		-Hypothèse des relations d'agence -Hypothèse de manipulation des résultats comptables
Japon	Yan et Cai (2003)	718 introductions au JASDAQ sur la période : 1991-2001 fenêtre (n-5 : n+5)		-Hypothèse du timing -Hypothèse des relations d'agence rejetée
Thaïlande	Kim, Kitsabunnarat, Nofsinger (2004)	133 introductions sur bla période : 1987-1993 fenêtre (n-1 : n+3)		Hypothèse des relations d'agence

1.2.3. Etudes antérieures sur les IPOs de privatisation

Dans les années 1980, la Grande-Bretagne gouvernée alors par Thatcher introduit un programme de privatisation maintenant adopté par les gouvernements de plus de 100 pays (Megginson et Netter, 2001). Boycko, Shleifer, et Vishny (1996) soutiennent que les entreprises publiques sont incompétentes parce qu'elles poursuivent des stratégies qui répondent à des objectifs politiques plutôt qu'à la maximisation du profit. Conformément à l'amélioration de l'efficacité des post-PIPOs, des études de PIPOs prouvent généralement que la performance des entreprises s'améliore après l'introduction en bourse. Megginson, Nash et Randenborgh (1994) soutiennent que les entreprises récemment privatisées s'exposent à une menace réelle de faillite dans la mesure où le gouvernement ne peut plus garantir la dette et couvrir les pertes opérationnelles. Par conséquent, les entreprises ayant opéré des IPOs de privatisation sont invitées à porter plus d'attention à leur rentabilité.

Megginson et Netter (2001) enquêtent sur la recherche empirique de 38 études de privatisation qui ont utilisé la comptabilité et / ou des données de la production réelle pour évaluer les effets de la privatisation sur l'efficacité opérationnelle, la structure de propriété, et / ou la performance financière. 9 études parmi 38 se concentrent sur la privatisation opérée à travers des offres publiques d'actions. Ils rapportent que toutes ces études supportent le fait que la privatisation est associée à l'amélioration significative des performances des entreprises publiques cédées par l'offre publique d'actions.

A cet égard, plusieurs études ont été menées de façon empirique sur la performance opérationnelle des sociétés récemment privatisées, notamment par Megginson *et al.* (1994), Boubakri et Cosset (1998), D'Souza et Megginson (1999), Aharony, Lee et Wong (2000), Bortolotti, D'Souza, Fantini et Megginson (2002), Sun et Tong (2002), Wei, Varela, D'Souza et Hassan (2003), Huang et Song (2005) et Wang (2005). Les résultats de la plupart de ces études sont généralement similaires, ce qui suggère que la performance s'améliore après les PIPOs. Les trois exceptions sont toutes des études de privatisations Chinoises enregistrant une baisse de rentabilité (Aharony *et al.*, 2000; Wei *et al.*, 2003; Huang et Song, 2005).

La première étude sur les PIPOs a été réalisée par Megginson *et al.* (1994). Ils comparent la performance financière (ou opérationnelle) pré et post-privatisation de 61 entreprises provenant de 18 pays au cours de la période 1961-1990. Il en ressort pour les entreprises privatisées de meilleurs résultats que leurs homologues avant la privatisation. Bortolotti *et al.* (2002) rapportent qu'un nombre significatif des améliorations observées, révélées dans leur propre étude, sont dues aux changements de réglementation, seules ou en combinaison avec les changements de propriété, et pas seulement dûes à la privatisation.

Il est entendu que toutes les études portant sur la performance opérationnelle des IPOs de privatisation ont eu recours à une mesure de la performance basée sur la comptabilité d'exercice. En outre, la plupart des résultats (sauf pour Boubakri et Cosset, 1999, ou Huang et Song, 2005) ne sont pas valides, car aucun ajustement n'a été fait à l'échantillon de privatisation afin d'inclure les entreprises (variables de contrôle) ayant des caractéristiques similaires (entreprise d'État, même secteur d'activité, la taille ou la performance avant l'introduction en bourse) lors de la comparaison entre la performance pré-PIPO et post-PIPO. Ce contrôle est nécessaire pour s'assurer que la performance opérationnelle est liée à la privatisation et non à d'autres facteurs exogènes. Par exemple, les résultats peuvent être liés au secteur d'activité auquel les entreprises ayant opéré des PIPOs appartiennent. Selon les arguments de Megginson et Netter (2001), il existe une probabilité de biais de sélection de l'échantillon, par lequel les États ont tendance à donner une bonne image de leurs privatisations en privatisant les entreprises les plus saines au début. En outre, certains documents (Megginson *et al.*, 1994; Boubakri et Cosset, 1998; D'Souza et Megginson, 1999; Bortolotti *et al.*, 2002) qui enquêtent sur la privatisation de plusieurs pays sont sujet à caution notamment pour avoir introduit un autre problème de sélection d'échantillon. La disponibilité des données a tendance à être supérieure dans les pays développés, et peut-être aussi pour les entreprises les plus performantes de ces pays. Ainsi, ces deux types d'entreprises peuvent être surreprésentés dans les analyses empiriques.

1.2.4. Etudes antérieures sur les augmentations de capital par émissions d'actions

Les études de la performance à long terme des actions issues d'opérations d'augmentation de capital comprennent celles de Hansen et Crutchley (1990), Healy et Palepu (1990), Patel, Emery et Lee (1993), McLaughlin, Safieddine et Vasudevan (1996), Loughran et Ritter (1997), Cai et Loughran (1998), et Kabir et Roosenboom (2003). Parmi les études antérieures, Hansen et Crutchley (1990) examinent le comportement à long terme des bénéfices des sociétés (rendements sur les actifs) autour de trois événements : les ventes d'actions communes, les ventes d'obligations convertibles, et les ventes d'obligations normales. Ils concluent qu'en général le bénéfice diminue après ces événements.

McLaughlin *et al.* (1996) examinent l'évolution des performances opérationnelles (les cash-flows opérationnels pondérés par la valeur comptable des actifs) sur un échantillon de 1 296 entreprises industrielles de SEO cotées à la Bourse de New York, l'*American Stock Exchange* et le NASDAQ entre 1980 et 1991. Ils constatent que les entreprises de référence ont montré des améliorations importantes par rapport à la performance opérationnelle avant l'émission, mais ont connu une baisse significative après l'émission, par rapport à la performance moyenne du secteur. Ces résultats valident la théorie de l'asymétrie d'informations de Myers et Majluts (1984), soumettant l'hypothèse que, si les gestionnaires actifs possèdent plus d'informations sur les perspectives futures d'une entreprise, ils sont d'avantage susceptibles d'émettre des actions lorsque les actions de l'entreprise sont sur-tarifiées. Les auteurs constatent également que la baisse de la performance opérationnelle est plus importante pour les entreprise disposant d'un « cash flow disponible » plus élevé. Ceci confirme la théorie de « flux de trésorerie » de Jensen (1986) qui stipule que la divergence d'intérêts entre les gestionnaires et les actionnaires, pousse les premiers à conserver la trésorerie excédentaire dans l'entreprise et à supporter le coût d'opportunité des investissements non entrepris. En émettant des actions, les flux de trésorerie disponibles augmenteront, ce qui poussera les dirigeants à réduire les investissements. Cette approche explique les faibles performances opérationnelles après l'augmentation de capital.

Loughran et Ritter (1997) examinent les performances opérationnelles durant les quatre années précédant et suivant l'augmentation de capital pour 1 338 entreprises aux États-Unis entre 1979 et 1989. Ils enregistrent une amélioration considérable de la rentabilité réelle des entreprises émettrices avant l'augmentation de capital, avec un pic au moment même de l'augmentation. Cependant, ils enregistrent par la suite une détérioration de la rentabilité. Les six mesures de la performance opérationnelle diminuent de manière significative au cours des quatre années suivant l'émission par rapport aux entreprises servant de benchmark. Cette baisse de performance est perceptible pour les émetteurs de grande et de petite taille, mais elle est plus sévère pour les petits émetteurs.

Cai et Loughran (1998) enquêtent sur un échantillon de 1 389 entreprises japonaises ayant opéré une augmentation de capital via l'émission d'actions entre 1971 et 1992. Leurs conclusions sont similaires aux études menées sur les IPO au Japon (Cai et Wei, 1997), En effet, ils soulignent une baisse importante de la performance opérationnelle après l'émission des nouvelles actions. Ainsi cherchent-ils au travers les théories d'agence ou du "timing" une explication plausible sur cette détérioration de la performance. Leurs résultats confirment l'étude de Cai et Wei (1997) selon laquelle la variation de performance après l'émission n'est pas liée au niveau des coûts d'agence avant l'émission. Ils constatent aussi que ni l'appartenance au réseau dénommé « *keiretsu* » ni la structure de propriété n'ont la capacité d'élucider la mauvaise performance des sociétés émettrices. Ces deux études, basées sur les marchés financiers japonais, sont incompatibles avec la théorie de l'agence, ce qui suggère que les résultats restent explicables par les théories de la « fenêtre d'opportunité » ou de « *timing* ».

Kabir et Roosenboom (2003) examinent si l'impact des cours boursiers lors de l'augmentation de capital dans les Pays-Bas est corrélé avec la performance opérationnelle ultérieure. Ils constatent que les cours boursiers déclinent significativement lors de la période de souscription. Ils observent également une détérioration statistiquement significative dans la performance opérationnelle durant la période de cinq ans après l'émission. Ils en concluent alors que le marché boursier a la capacité d'anticiper correctement la performance opérationnelle future des entreprises et donnent plusieurs explications possibles dans l'enregistrement de la baisse dans les performances opérationnelles. Ils constatent que les entreprises avec les remises les plus grandes sur le prix d'offre, présentent les grandes baisses de performance. Ceci confirme la théorie de l'« asymétrie de l'information ». Cette dernière affirme que les dirigeants possèdent plus d'informations au sujet de leurs entreprises que les actionnaires. Cependant, leur étude ne fournit qu'un appui partiel pour la théorie du flux de trésorerie, affirmant que les dirigeants ont tendance à investir des flux de trésorerie pour augmenter la taille des entreprises et ainsi leurs primes. En outre, ils ne trouvent aucune preuve à l'appui de l'hypothèse des « fenêtres d'opportunité », stipulant alors que les gestionnaires décident d'émettre des actions quand des conditions économiques favorables existent. Toutefois, les mesures utilisées pour le « flux de trésorerie » et la « fenêtre d'opportunité » ne sont pas fiables.

Dans l'ensemble, la littérature suggère que la performance opérationnelle à long terme des entreprises opérant une augmentation de capital via l'émission d'actions suit un schéma similaire à celui des introductions en bourse, dans lequel la performance décline après l'émission d'actions.

Section 2: Les méthodes de mesure des performances opérationnelles

Selon Barber et Lyon (1996), l'étude de la performance opérationnelle est soumise à trois étapes. La première consiste dans la sélection d'une mesure de la performance comptable. La deuxième sera l'élaboration d'un modèle de la performance espérée (benchmark) qui sert de point de repère pour juger la performance actuelle. Le choix d'un test statistique approprié constitue la dernière étape. Ces trois étapes seront examinées successivement.

Il n'y a pas un indicateur déterminé de la performance opérationnelle, et les études antérieures utilisent différentes mesures pour estimer la performance opérationnelle anormale. Des ratios financiers sont généralement utilisés, ce qui permet de comparer la performance opérationnelle des entreprises cotées. Cette étude examine plusieurs mesures de la performance opérationnelle et emploie deux approches différentes pour vérifier la robustesse des résultats sur les performances opérationnelles à long terme. La première approche est basée sur le rendement comptable et la deuxième sur le flux de trésorerie.

2.1. Les mesures des performances opérationnelles basées sur la méthode comptable

- **La rentabilité économique**

La performance opérationnelle a toujours été mesurée en termes de rentabilité. Notre étude emploie cinq variables du rendement opérationnel basées sur la méthode comptable. Concernant les deux premières, nous avons utilisé les indicateurs de performances d'exploitation (EBE). Dans la littérature anglo-saxonne la rentabilité est appelée (*EBITDA*) (*Earning before interest, tax, depreciation and amortissement*). Elle est mesurée par le rapport de l'Excédent brut d'exploitation (EBE) sur l'actif total. Ce ratio n'est autre que le rendement moyen qu'une société génère pour chaque euro investi dans l'actif et nous permet de mesurer le degré d'efficacité du manager dans la gestion de l'entreprise. Il fournit également une mesure de la productivité des actifs utilisés afin de générer les rendements. Les variables rentabilités sont toutes mesurées avant les impôts pour éviter l'effet des changements des taux imposés par le législateur français au cours de la période de l'analyse. Pagano *et al.* (1998) ont choisi cette mesure de la rentabilité et Bodnaruk, Kandel, Massa et Smirnov (2007) plutôt le ratio résultat net sur l'actif total (*Return On Assets*) dans leur modèle élaboré de la probabilité d'introduction dans le marché boursier.

Le choix du dénominateur pose problème. Barber et Lyon (1996) suggèrent que la mesure « total des actifs » contient bien à la fois des actifs opérationnels et non-opérationnels, de sorte que cette mesure risque de sous-estimer la productivité réelle des actifs opérationnels. Toutefois, ils reconnaissent également que les entreprises ayant procédé à des IPOs pourraient connaitre une augmentation importante de liquidité au moment des introductions en bourse, mais ne pourraient pas investir ces fonds immédiatement. Par conséquent, la concentration sur les actifs opérationnels (en réduisant le surplus de liquidité de l'actif total) peut influer sur les résultats, surtout lorsque le niveau de trésorerie dans l'échantillon des entreprises cotées et des entreprises non cotées sont significativement différentes. Dans cette étude, le total des actifs et les actifs opérationnels sont utilisés comme dénominateurs pour vérifier la robustesse des résultats. Les définitions sont les suivantes:

L'Excédent brut d'exploitation sur les actifs totaux (EBTIDA / AT)

$$\frac{\textit{EBE avant Impôt Intérêt et Dotations aux Amortisssements}}{\textit{Actifs totaux}}$$

L'Excédent brut d'exploitation sur les actifs opérationnels (EBTIDA / OA)

$$\frac{\textit{EBE avant Impôt Intérêt et Dotations aux Amortisssements}}{\textit{Actifs totaux} - (\textit{liquidité et équivalent})}$$

Si une entreprise ne divulgue pas le total des actifs dans le bilan, les actifs totaux seront calculés en prenant la somme des actifs fixes corporels et non-corporels, d'autres actifs à long terme et des investissements, et les actifs circulants (courants). Cette étude n'utilise pas la valeur marchande des actifs parce que les données ne sont pas disponibles avant l'introduction en bourse.

- **Le taux de marge économique**

Barber et Lyon (1996) mettent également en garde contre l'utilisation de l'actif comme dénominateur lorsque les entreprises ont récemment émis des obligations. Ces entreprises peuvent bénéficier d'une forte augmentation dans la valeur comptable des actifs, mais aucune augmentation immédiate dans le rendement opérationnel. Comme l'ont noté Mikkelson *et al.* (1997), la rentabilité comptable mesurée par des actifs pourrait être biaisée négativement après les IPOs. Pour réduire un tel biais, cette étude dégonfle aussi le rendement opérationnel par les ventes totales puisque celles-ci ne sont pas affectées par le changement dans la base des actifs (Barber et Lyon, 1996). Le rendement opérationnel sur les ventes calcule le bénéfice que l'entreprise engendre pour chaque euro de chiffre d'affaires. La définition est la suivante:

L'Excédent brut d'exploitation sur les ventes (EBITDA/CA) :

$$\frac{\textit{EBE avant Impôt Intérêt et Dotations aux Amortisssements}}{\textit{Chiffre daffaires}}$$

Le rendement des capitaux propres est également employé puisqu'il est plus pertinent pour les actionnaires. Pour assurer la cohérence du numérateur, le bénéfice opérationnel utilisé l'est aussi avant impôts. La définition est la suivante:

$$\frac{\textit{EBE avant Impôt Intérêt et Dotations aux Amortisssements}}{\textit{Capitaux propres et réserves}}$$

La dernière mesure de la performance opérationnelle basée sur la comptabilité d'exercice est le bénéfice par action défini comme suit:

$$\frac{\textit{Réultat net}}{\textit{Le nombre moyen dactions en circulation au cours de la période}}$$

Le nombre moyen d'actions en circulation au cours de la période est ajusté pour les droits et les émissions subséquentes.

- **La rentabilité de l'actif**

$$\frac{\textit{Résultat net}}{\textit{Total actifs}}$$

Il y a, cependant, un problème associé aux mesures de rendement basées sur la comptabilité d'exercices, dans le sens où elles sont sujettes à une manipulation par les dirigeants. Les recherches précédentes (Teoh *et al.*, 1998a) indiquent que les entreprises nouvellement cotées en bourse utilisent la comptabilité d'exercice pour surévaluer leurs revenus déclarés. En outre, le processus de la comptabilité d'exercice a tendance à faciliter les résultats déclarés par rapport aux flux de trésorerie (Holthausen et Larcker, 1996). Ainsi, une mesure du rendement alternative basée sur les flux de trésorerie peut être préférable.

2.2. Mesure basée sur les flux de trésorerie

Kaplan (1989), Jain et Kini (1994) et Kim *et al.* (2004), notamment, soutiennent que les flux de trésorerie opérationnels sont une mesure pertinente pour le rendement opérationnel, car ils sont une composante principale dans le calcul de la valeur actuelle nette (VAN) pour déterminer la valeur de l'entreprise. La mesure de la performance basée sur le flux de trésorerie devrait être moins sensible à la manipulation par les dirigeants et montre plus de variabilité que la mesure comptable. Un autre avantage de la mesure de la performance basée sur le flux de trésorerie, est qu'elle n'est pas directement affectée par des éléments hors trésorerie, comme l'amortissement, le goodwill, ou les changements dans la gestion des fonds de roulement.

Plusieurs études antérieures calculent les flux de trésorerie opérationnels en déduisant les dépenses en capital du rendement opérationnel (par exemple, Jain et Kini, 1994; Cai et Wei, 1997; Chan *et al.*, 2003) ou en ajoutant la dépréciation au rendement avant l'intérêt et les impôts (Kim *et al.* 2004). Les mesures des flux de trésorerie utilisés par ces études ne correspondent pas aux flux de trésorerie opérationnels et ont donc fait l'objet de critiques (Bowen *et al.* 1986). Par conséquent, cette étude utilise une mesure de flux de trésorerie améliorée délimitant la comptabilité d'exercices caution à une manipulation par les gestionnaires. Ce calcul est similaire à celui de Roosenboom *et al.* (2003). Comme pour la mesure du rendement basée sur la comptabilité d'exercice, trois variables de flux de trésorerie sont prises en compte avant impôt. Les raisons pour lesquelles ces dénominateurs sont adoptés restent similaires. En voici les définitions :

Les rendements de flux de trésorerie opérationnels sur les actifs totaux (OCF/TA)

$$\frac{\boldsymbol{Flux\ de\ trésorerie\ opérationnels}}{\boldsymbol{Actifs\ totaux}}$$

Les rendements de flux de trésorerie opérationnels sur les actifs opérationnels (OCF/OA)

$$\frac{\boldsymbol{Flux\ de\ trésorerie\ opérationnels}}{\boldsymbol{Actifs\ totaux - (Liquidité\ et\ équivalent)}}$$

Les rendements de flux de trésorerie opérationnels sur les ventes (OCF/CA)

$$\frac{\textit{Flux de trésorerie opérationnels}}{\textit{Chiffre daffaires}}$$

2.3. Autres mesures de performance comptable

Bien que cette étude soit essentiellement axée sur les mesures de performances opérationnelles selon la méthode comptable et le flux de trésorerie, elle examine également les sources potentielles susceptibles d'offrir une explication quant aux changements dans le rendement opérationnel.

2.3.1. Sources du changement de la performance opérationnelle

Conformément aux recherches antérieures (Jain et Kini, 1994; Cai et Wei, 1997; Chan *et al.* 2003; Kim *et al.*, 2004), trois mesures sont exploitées : (i) les ventes ; (ii) les dépenses en capital, et la rotation des actifs (iii). Les ventes permettent la mesure de la production, tandis que la rotation de l'actif évalue son efficacité. La rotation de l'actif est le ratio des ventes par rapport aux actifs totaux. Il mesure l'efficacité avec laquelle une entreprise investit ses actifs afin de dynamiser les ventes (chiffre d'affaires). La définition en est la suivante.

- *La rotation des actifs :*

$$\frac{\textit{Chiffre daffaires}}{\textit{Actifs totaux}}$$

L'évolution du chiffre d'affaires, les dépenses en capital et de la rotation des actifs de chaque année à partir de l'année pré-IPO, ou l'année précédente, ont été calculées comme première différence dans la série des données corrigées par la valeur de la série de données pour l'année précédente :

- *Source du changement de la performance opérationnelle (t)* =

$$la\ valeur\ de\ [\frac{Mesure\ de\ base_i(n) - Mesure\ de\ base_i\ (n-1)}{Mesure\ de\ base_i\ (n-1)}]$$

Où :

- i = entreprise ayant opéré une introduction en bourse ou entreprise correspondante (benchmark),
- n - 1 = année fiscale précédant l'IPO,
- n = fin de l'année fiscale post-IPO, année n, année (n +1), année (n+2) et année (n +3).

Disposant de données courant sur cinq ans pour l'échantillon d'entreprises, chaque série délimite quatre observations pour chaque entreprise. La source médiane ou moyenne de l'évolution des performances opérationnelles est exprimée par rapport à l'année (n - 1), ou l'année précédente, en considérant seulement les entreprises avec des valeurs positives de dépenses en capital et de rotation de l'actif.

2.3.2. Les prévisions du marché

Les variables des prévisions du marché sont également considérées pour évaluer si les investisseurs ont des prévisions élevées au moment de l'IPO pour la performance future des entreprises. Les changements dans les prévisions du marché sont quantifiés par rapport à l'année d'introduction (année 0), car les données des prix des actions ne sont pas disponibles avant les introductions en bourse. D'après Jain et Kini (1994), il existe deux mesures de prévisions du marché : (i) le ratio « *market-to-book* » de l'actif, et (ii) le ratio « *market-to-book* » des actions. Les définitions sont les suivantes:

- *Le ratio Market-to-book des actifs (MTBA)*

$$\frac{Valeur\ de\ marh\acute{e}\ des\ actions + Valeur\ de\ march\acute{e}\ de\ la\ dette}{Valeur\ comptable\ des\ capitaux\ et\ des\ r\acute{e}serves + Valeur\ comptable\ de\ la\ dette}$$

- *Le ratio Market-to-book des équités (MTBE)*

$$\frac{Valeur\ de\ marh\acute{e}\ des\ capitaux\ actions}{Valeur\ comptable\ des\ capitaux\ propres\ et\ des\ r\acute{e}serves}$$

La valeur marchande des actions est le nombre d'actions multiplié par le prix de l'action. Cette étude suppose une valeur boursière de la dette équivalente à la valeur comptable de cette même dette, tel qu'exploitée par Jain et Kini (1994). La dette consiste en des emprunts à court et long terme.

2.3.3. L'endettement et l'investissement

Les ratios d'endettement valident la décision de financement des entreprises durant la période pré cotation et post cotation. Deux mesures de la dette génèreront le test de robustesse de cette mesure : (i) la dette totale sur l'actif total, et (ii) la dette totale sur les capitaux, comme sous-mentionné :

- *Le ratio d'endettement*

$$\frac{\textit{Total des emprunts à court et long terme}}{\textit{Actifs totaux}}$$

$$\frac{\textit{Total des emprunts à court et long terme}}{\textit{Valeur comptable des capitaux et des reserves}}$$

- *Le ratio d'investissement*
-

$$\frac{\textit{Imm corporelles nettes en } (n-1) - \textit{Imm corporelles nettes en } (n-2)}{\textit{Imm corporelles nettes en } (n-2)}$$

2.4. Questions et hypothèses de recherche

Les études sur la performance des entreprises ayant opéré l'émission de nouvelles actions sur les marchés boursiers supposent que le marché puisse anticiper les performances opérationnelles futures à partir du cours des actions nouvellement émises dès le premier jour de cotation. Les résultats des études antérieures révèlent que les actionnaires des entreprises récemment introduites en bourse obtiennent des rendements positifs initiaux très élevés (Dawson, 1987; Ku Ismail *et al.*, 1993, Loughran *et al.*, 1994; Yong, 1997). Toutefois, l'évaluation de la performance des cours boursiers à long terme a tendance à engendrer des résultats contradictoires, dus notamment, à l'hétérogénéité des méthodes de calcul des rendements anormaux à long terme. Ainsi, serait-il intéressant d'étudier la performance des entreprises opérant des IPOs selon un procédé de mesures fondées sur la comptabilité ainsi que ceux fondés sur le marché. Une telle approche serait susceptible de répondre à la question largement débattue de savoir si les rendements boursiers anormaux signalés précédemment sont valables ou s'ils sont causés par des erreurs de mesure (comme soutenu par Fama, 1998). Les résultats issus de la double approche (mesures basées sur le marché et sur la méthode comptable) ne devraient pas être influencés par les erreurs de mesure.

En général, toutes les études constatent que les performances opérationnelles mesurées à partir de la méthode comptable et la méthode de flux de trésorerie déclinent dans la période post-IPO, mais avec des variations selon l'échelle de valeur utilisée (méthode comptable ou de flux). Cependant, les deux types de mesure de la performance opérationnelle sont limitatifs. A cet effet, le bénéfice calculé à partir de la comptabilité d'exercice est facilement manipulable par les gestionnaires. Même si les mesures basées sur les flux de trésorerie sont moins sensibles à la manipulation comptable, les entreprises ont toujours la possibilité de faire émerger les flux de trésorerie opérationnels comme étant plus élevés grâce à la baisse des flux d'investissement et de financement dans l'état de flux de trésorerie. Cependant, l'approche des cash-flows opérationnels avec appréciation de la performance opérationnelle après l'IPO n'est pas une mesure employée par toutes les études. En outre, les flux de trésorerie opérationnels quelquefois calculés de façon approximative génèrent des imprécisions (Bowen *et al.*, 1986).

En revanche, l'utilisation de mesures « correctes » pour l'examen du rendement opérationnel des entreprises nouvellement cotées en bourse nous renseignerait sur l'ampleur de l'impact de la manipulation sur la rentabilité du capital. Si la performance opérationnelle (mesurée à travers l'approche du cash flow) décline, nous sommes donc autorisés à valider le déclin non dû à des manipulations comptables. En conséquence, il apparaît que cet examen tient compte à la fois des mesures basées sur la méthode comptable et celles des flux avec un ajustement supplémentaire, tel que suggéré par Bowen *et al.* (1986). En se basant sur la revue précédente, on peut soulever deux grandes questions :

Les mesures de la performance basées sur les données comptables concordent-elles avec les mesures de la performance boursière ?
La performance opérationnelle (la méthode comptable et celle des flux) s'améliore-t-elle ou bien se détériore-t-elle à long terme après l'IPO ?

Afin d'examiner ces questions de recherche, plusieurs hypothèses seront présentées.

2.5. Hypothèses

Comme examinés dans la section précédente, Jain et Kini (1994), Cai et Wei (1997), et Kim *et al.* (2004) signalent des baisses importantes de la performance opérationnelle après l'introduction à la fois dans les mesures de la performance basée sur la méthode comptable et sur les flux de trésorerie. La baisse observée dans la performance opérationnelle n'est pas franchement surprenante. En effet, comme souligné par Jain et Kini (1994), les dirigeants font le choix d'émettre les actions lorsque la performance atteint son maximum. Les investisseurs, peut-être trop optimistes sur les performances futures des entreprises, se fondent sur la performance observée au moment de l'introduction en bourse. Les gestionnaires profitent de cette surévaluation par les investisseurs en émettant des actions lorsque leur capital est « surévalué », réduisant ainsi le coût global du capital. En outre, ils peuvent s'engager dans le « *window dressing* » de leurs comptes corporatifs au moment de l'introduction en bourse, ce qui conduit à une performance pré-IPO surévaluée et une performance post-IPO sous-estimée. Comme résultats du « sur-optimisme » des investisseurs et les hypothèses de « *window-dressing* », Jain et Kini (1994) soutiennent que les IPO sont suivies de baisses significatives dans la performance opérationnelle.

Jain et Kini (1994), Cai et Wei (1997), Chan *et al.* (2003), et Kim *et al.* (2004) fournissent plus amples exégèses sur la performance opérationnelle post-IPO en examinant les changements d'autres mesures comptables, comme les ventes, le chiffre d'affaires, et les coûts de capital. Selon Kim *et al.* (2004) le déclin de la performance opérationnelle post-cotation sera prévisible si les entreprises n'engendrent pas une rentabilité identique aux projets comme ils le faisaient dans les périodes pré-IPO ou si le niveau exigé de dépenses en capital ne peut plus être maintenu par les gestionnaires. Jain et Kini (1994) et Kim *et al.* (2004) constatent que, bien que les entreprises introduites en bourse affichent une croissance post-IPO dans les ventes et les dépenses en capital, leurs mesures des performances opérationnelles déclinent. Force est donc de constater que le déclin de la performance opérationnelle n'est pas lié à une baisse d'activité.

Loughran et Ritter (1995) soulignent que les entreprises connaissent habituellement une amélioration de leur performance opérationnelle en période de pré-cotation. Ils suggèrent que « *le marché surestime cette récente (pré-IPO) amélioration et sous-estime les tendances d'inversion à long terme de la performance opérationnelle...* » (p. 49). Les études menées aux États-Unis démontrent clairement que les entreprises s'introduisent généralement en bourse après de solides performances opérationnelles. Toutefois, ces dernières ne parviennent pas à accéder aux taux de croissance atteint lors des deux années précédant l'introduction. Cette constante peut être le résultat du « *market timing* » ou de la surévaluation délibérée de la performance avant l'émission par les gestionnaires. Par conséquent, cette étude formule l'hypothèse d'une baisse du niveau des « anticipations boursières » dans la période post-cotation en raison d'une mauvaise évaluation par les actionnaires au moment de l'introduction en bourse.

La Porta, Lopez-de-Silanes et Shleifer (1999) et Kim *et al.* (2004) suggèrent que la structure de propriété joue un rôle essentiel dans le financement des entreprises des pays émergents. Il semblerait que la relation entre la structure de propriété des entreprises ayant opéré une introduction en bourse et la performance opérationnelle post-IPO n'a pas été testée pour le marché Français. Il est intéressant d'étudier cette relation car de nombreuses entreprises françaises introduites sont familiales raison pour laquelle gestionnaires et propriétaires sont généralement les mêmes personnes, et exercent ainsi une influence et un contrôle sur les sociétés dont ils sont actionnaires. Anderson et Reeb (2003) affirment que lorsque les postes de direction sont limités aux membres de la famille, ces entreprises n'auront peut-être pas un management suffisamment qualifié ou talentueux. Par conséquent, les entreprises qui sont détenues et gérées par les membres de la famille seront plus enclines à la réalisation de performances minorées. Par ailleurs, Fama et Jensen (1983) soutiennent que les coûts de surveillance sont moindres pour les entreprises familiales, argument soutenu par Mc Conaughy, Matthews et Fialko (2001), qui suggèrent qu'une structure familiale de propriété et de contrôle est avantageuse car réduisant les problèmes d'agence ou les conflits qui existent dans les entreprises dirigées par des gestionnaires professionnels. L'étude de McConaughy, Walker, Henderson, et Mishra (1998) indique que les relations familiales améliorent la surveillance associée à une meilleure performance. Tenant compte de ces arguments contradictoires, l'effet d'une structure de propriété familiale sur la performance opérationnelle post-IPO est alors extrêmement délicat à anticiper.

Leland et Pyle (1977) et Downes et Heinkel (1982) utilisent la part de capital retenue par les propriétaires (non soumise à la vente) comme un signal de la valeur de l'entreprise. L'argument massu reste une conservation pour les propriétaires d'une part significative du capital s'ils anticipent la valorisation de l'entreprise selon l'élévation future des flux de trésorerie. Par conséquent, une part de capital retenu élevée sera traduite par une performance opérationnelle post-IPO élevée.

Comme mentionné précédemment, la sous-évaluation peut être utilisée comme un outil pour signaler la qualité des émetteurs sur le marché (Touten et Faulhaber, 1989; Grinblatt et Hwang, 1989, ou Welch, 1989).

Welch (1989) présente un modèle de signalisation supposant des émetteurs de « haute qualité » mais dont la qualité n'est pas encore reconnue sur le marché ces derniers ont tendance à sous-estimer leurs actions au moment des introductions en bourse. Les émetteurs « de haute qualité » procèdent à une augmentation de capital via l'émission de nouvelles actions après la « découverte » de leur qualité par les investisseurs, afin de récupérer les pertes d'opportunité au moment de l'introduction en bourse. Par conséquent, selon la théorie du signal par la sous-évaluation, les entreprises qui pratiquent cette politique devraient connaître une meilleure performance post-IPO par rapport aux entreprises qui ne sous-évaluent pas. Ainsi, nous attendons-nous dans cette étude à observer une relation positive entre la sous-évaluation et la performance opérationnelle post cotation. Sur la base des explications ci-dessus, nous formulons les hypothèses suivantes :

- *Hypothèse 1 :*

Il y a une différence au niveau de la performance opérationnelle des sociétés ayant opéré une introduction en bourse par rapport à d'autres entreprises de référence (benchmark).

- *Hypothèse 2 :*

La performance des firmes nouvellement cotées en bourse décline sur la période post cotation. Ce déclin peut aller jusqu'à la troisième année.

- *Hypothèse 3 :*

Les firmes décident de s'introduire en bourse lorsqu'elles présentent un pic de performance avant cotation.

- *Hypothèse 4 :*

La cotation en bourse est un moyen pour assainir la situation financière de la firme. On s'attend à un désendettement des firmes opérant des IPOs sur la période post-cotation.

- *Hypothèse 5 :*

Il y a une différence entre la variation du niveau du ratio l'endettement pour les entreprises ayant opéré une IPO et les entreprises de référence.

Conclusion

Ce chapitre donne un aperçu sur la performance opérationnelle des firmes ayant opéré une introduction en bourse, couvrant à la fois les IPOs privés et les IPOs de privatisation. Nous avons conclu que la performance opérationnelle décline après les IPOs privées des entreprises non financières, mais augmente pour les introductions en bourse de privatisation. Les hypothèses sur la performance durant des périodes de pré-cotation et de post-cotation, l'évolution du rendement d'exploitation, les attentes du marché et la performance des résultats sont formulées. L'impact possible des variables de propriété et de sous-évaluation sur la performance opérationnelle post-IPO sont également décrits.

Ce chapitre présente également les études antérieures procédant selon différentes mesures dans l'estimation de la performance opérationnelle anormale. Des ratios financiers, permettant de comparer la performance opérationnelle des entreprises nouvellement introduites en bourse, ont également été présentés. Deux approches différentes vérifient la mesure de la performance opérationnelle sur la robustesse des résultats sur les performances opérationnelle à long terme. La première approche est basée sur la méthode comptable et la deuxième sur les flux de trésorerie.

Chapitre 3. Modèle de recherche, méthodologie adoptée et résultats des performances boursières

SUITE à l'examen de la revue de la littérature et les hypothèses développées dans le premier chapitre, le chapitre abordé ici, traite le modèle de recherche autorisant cette étude à examiner la performance boursière des IPOs technologiques françaises en général, et la performance à long terme en particulier. La première section délimite les sources de données pour les rendements d'entreprises individuelles et ceux du marché, suivie par une explication du processus de collecte de données et la sélection de l'échantillon. Les critères de sélection pour l'échantillon et la taille des entreprises, appariés pour l'ensemble des points de références du marché, sont également décrits. La deuxième section traite des méthodes de mesure de la performance à long terme ainsi que les tests statistiques utilisés à l'évaluation du niveau de signification des rendements initiaux et à long terme.

Section 1 : La méthodologie adoptée

L'étude de la performance à long terme des titres des firmes récemment introduites en bourse exige, l'utilisation d'une méthodologie rigoureuse. Nous présenterons dans cette section les principales techniques adaptées à la mesure de la performance des entreprises initialement introduites en bourse. Comme préalablement indiqué, il existe plusieurs approches évaluant la performance à long terme : l'approche basée sur le rendement composé (étude d'événements) et celle du modèle à trois facteurs (étude calendaire). Or, la majorité des études qui portent sur la performance se réfèrent aux études d'événements. Le principe de cette méthode-là repose sur l'hypothèse semi-forte de l'efficience des marchés financiers. Selon cette hypothèse, les cours boursiers incorporent à chaque instant les informations disponibles et les anticipations des investisseurs sur les entreprises à partir de leur annonce. Les objectifs de cette section consistent mettre en exergue les diverses approches méthodologiques utilisées pour le calcul des rendements anormaux à long terme et présenter les raisons qui nous ont incité à privilégier ce choix dans le cadre de cette recherche.

1.1. Les méthodologies de l'étude d'événement

Plusieurs études récentes analysent les rendements anormaux à long terme en recourant à de multiples méthodes. Ainsi Barber et Lyon (1997), Kothari et Warner (1997), Lyon *et al.* (1999), Fama (1998), Loughran et Ritter (2000), Sapusek (2000), Brav *et al.* (2000) et Mitchell et Stafford (2000) démontrent que la méthode de mesure des rendements anormaux influence à la fois la taille et la robustesse du test statistique. Ces dix dernières années, face aux importantes critiques à l'endroit de modèle d'équilibre des marchés des actifs financiers (MEDAF), les auteurs recommandent l'utilisation de la méthodologie des rendements anormaux sur une base d'achat conservation (*buy and hold*) BHAR et celle des rendements cumulés (*Cumulative return*). Et ceci afin de calculer la rentabilité à long terme. Selon cette méthode, l'action achetée au début de la période considérée et vendue à la fin de ladite période est une stratégie sans rééquilibrage. Suivra donc, dans un premier temps, la présentation de la méthode de calcul du rendement initial puis les différentes méthodes susceptibles de mesurer les rendements anormaux à long terme.

1.1.1. Le rendement initial (RI)

Le calcul de la sous-évaluation d'une entreprise i est mesuré par la rentabilité des premières séances de cotation après l'introduction en bourse (RI).

La RI du titre de la société i, calculé par la variation relative entre le cours de clôture de la K[e] séance (K = 1, 5, 10, 20, 30, 40) et le prix de l'offre figurant dans le prospectus se calcule de la manière suivante :

$$rit = (Pit - Si0) / Si0 \quad \textbf{(1)}$$

avec :

- r_{it} : Le rendement initial du titre de la société i.
- P_{it} : le cours de clôture de la i[e] séance (i = 1, 5, 10, 20, 30, 40)
- S_{i0} : le prix de l'offre a l'introduction en bourse.

❖ ***Le rendement anormal***

La rentabilité anormale qui est égale à la différence entre la rentabilité observée réellement et celle obtenue à partir d'un modèle de référence.

Après nous avons ajusté les rendements par le rendement de marché, l'équation (1) devient :

$$ar_{it} = r_{it} - r_{mt} \quad \text{ou} \quad r_{mt} = (I_t - I_0) / I_0 \quad \textbf{(2)}$$

Avec

- r_{mt} le rendement de marché
- I_0 : la valeur de l'indice de marché à la veille de l'introduction
- I_t : la valeur de l'indice de marché le jour t.

1.1.2. Le calcul de la performance à long terme

1.1.2.1. Le calcul des rentabilités et des volumes anormaux

Les rentabilités normales se calculent à partir des trois modèles tandis que les rentabilités observées sont égales à :

$$r_{it} = \frac{P_{it} + D_t - P_{it-1}}{P_{it-1}} \quad \textbf{(3)}$$

avec :

- P_{it} : Le prix de l'action i au cours de la période t.
- P_{it-1} : Le prix de l'action i au cours de la période t-1.
- D_{it} : Le dividende distribué à l'action i au cours de la période t.

L'indice de marché utilisé pour obtenir le rendement anormal dépend du marché où sont cotés les titres lors de leurs introductions. Dans cette étude, nous exploiterons la *value weighted market indices* comme citée dans l'article de Ritter (1991), puis celle des compagnies basées sur la capitalisation boursière, cette dernière étant utilisée par Lougrhan et Ritter (1995) :

$$RA_t = \sum_{i=1}^{nt} w_{it} RA_{it} \qquad \textbf{(4)}$$

Avec :

- n_t *: Le nombre des titres dans l'échantillon.*
- RA_{it} *: La rentabilité anormale de l'action i au cours de la période t, établie à partir du modèle de marché.*
- RAM_t *: La rentabilité anormale moyenne au cours de la période t.*
- w_{it} *: La pondération,* $1/n_t$ *est utilisée lorsque les rendements sont équi- pondères et :*
- *MVi/∑MVi est utilisé lorsque les rendements anor maux sont pré-pondérés par la capitalisation boursière.*

Avec

- *MV i : la capitalisation boursière des titres nouvellement introduits en bourse.*

En cumulant les rentabilités ainsi que les volumes anormaux moyens sur la période d'étude, nous obtenons la rentabilité anormale moyenne cumulée ou encore le volume anormal moyen cumulé.

$$CAR_{x,y} = \sum_{t=x}^{y} RA_t \qquad \textbf{(5)}$$

- $CAR_{x,y}$ *: La rentabilité anormale moyenne cumulée sur la fenêtre d'événement allant de la date x à la date y.*

La dernière étape consiste à tester les résultats obtenus, afin notamment de vérifier si les rentabilités anormales moyennes cumulées sont statistiquement significatives. Divers tests se présentent et interviennent sur plusieurs périodes de sorte à soumettre la significativité des résultats au moment de l'annonce. Pour le test de *Student* (*t-test*), celui-ci est réalisé sous l'hypothèse de l'indépendance des rentabilités anormales individuelles de l'échantillon.

Pour $H_0 : RAM_t = 0$, la statistique de *Student* se présente comme suit :

$$t(RA) = \frac{RA_t * \sqrt{n_t}}{sd_t} \qquad \textbf{(6)}$$

Alors :

- RA_t *: le rendement moyen ajusté au benchmark du mois t.*
- n_t *c le nombre d'observations pendant le mois t.*
- sd_t *: coupe transversale de l'écart-type des rendements ajustés pour le mois t.*

La statistique t suit une loi de *Student* à n - 1 degrés de liberté, avec :

En se référant aux hypothèses suivantes :

i) Les rentabilités anormales suivent une loi normale de moyenne μ et de variance finie σ^2.

ii) Les rentabilités anormales sont indépendantes et identiquement distribuées à travers le temps et entre les firmes.

$$\sigma(RAM_t) = \frac{S}{\sqrt{n}} \qquad \textbf{(7)}$$

avec S *: L'écart type estimé des rentabilités anormales* RA_{it}.

En se référant à ces hypothèses, la statistique t de *Student* sous l'hypothèse $CAR_t = 0$ est la suivante :

$$t = \frac{CAR_t}{S/\sqrt{n-(x+y-1)}} \quad \textbf{(8)}$$

Avec t qui suit une loi de *Student* à $[n-(x+y-1)-1]$ degrés de liberté.

Il y a deux méthodes de calcul des rendements anormaux à long terme, qui sont la méthode des rendements cumulés (*Cumulative return*) et celle des rendements anormaux sur une base « achat-conservation » (*buy and hold*).

1.1.2.2. Les rendements anormaux cumulés (CAR)

Les rendements sont définis comme suit :

$$CAR_{i\tau} = \sum_{t=1}^{\tau} R_{it} - E(R_{it}) \quad \textbf{(9)}$$

Où $E(R_{it})$ est la performance normale du taux de rentabilité sur la même période t.

Lorsqu'on divise l'équation précédente par le nombre de périodes t, on obtient le rendement anormal par période. Les rendements BHAR à long terme sont ainsi des estimateurs biaisés. Le biais du survivant se présente quand le rendement espéré se calcule par rapport au portefeuille du marché. Concernant les firmes introduites récemment, ces dernières ont la possibilité de produire des rendements inférieurs à la moyenne du marché. L'échantillon ne comprend pas de nouvelles entreprises après l'événement, mais le portefeuille du marché en introduit constamment. Cette situation contribue à la naissance d'un biais dans le calcul des rendements anormaux de façon positive.

D'après Barber et Lyon (1997), il est bien habituel d'observer un rendement annuel excédant 100% pour une entreprise. Or cela est beaucoup moins fréquent dans le cas d'un portefeuille de marché parce que les rendements anormaux sont engendrés par la différence entre les rendements d'une entreprise en particulier et ceux d'un portefeuille de marché. La distribution des rendements anormaux souffre d'une asymétrie positive. Dans les tests statistiques, cette asymétrie provoque, généralement, des biais négatifs qui sont dus à la corrélation positive entre la moyenne et l'écart-type. Tout accroissement de la moyenne, venant d'une distribution présentant une asymétrie positive, provoque un accroissement de l'écart-type, ce qui réduit la significativité du test.

1.1.2.3. Les rendements anormaux selon la méthode achat-conservation[9]

Selon cette méthode, les rendements anormaux se calculent en retranchant les rendements attendus.

$$BHAR_{i\tau} = \prod_{t=1}^{\tau} (1+R_{it}) - \prod_{t=1}^{\tau} (1+E(R_{it})) \qquad \textbf{(10)}$$

Cette technique cherche à démontrer si le rendement anormal moyen est différent de 0 pendant la période événementielle. Bien que cette technique reproduise l'opinion de l'investisseur, elle engendre trois types de biais : le biais du survivant, le biais d'asymétrie et le biais de recomposition. Le biais de recomposition a pour origine la pondération du portefeuille du marché qui change régulièrement afin de tenir compte des variations du prix. Pour permettre l'égalité des valeurs marchandes, on cède régulièrement les titres dont les rendements sont plus élevés que la moyenne du portefeuille et on achète ceux dont le rendement est plus bas. Dans la littérature, le recours à l'une de ces deux techniques ne fait pas l'unanimité. Certains auteurs préconisent l'utilisation de la méthode BHAR, en dépit de ses inconvénients c'est-à-dire de ses biais. D'autres recommandent la méthode CAR en l'appliquant avec l'approche du portefeuille en temps calendaire.

---

[9] Cette méthode est connue dans la littérature anglo-saxonne sous le nom de *Buy –and –Hold Abnormal Returns (BHAR).*

1.1.3. La détermination des rendements attendus

Dans cette section, nous citerons les principales méthodes déterminantes de la valeur des rendements espérés et les tests statistiques, définition de la performance anormale à long terme telles que : les modèles d'évaluation des actifs, le portefeuille de marché, le portefeuille réplique, la simulation par re-échantillonnage de la distribution empirique d'un test t ajusté par l'asymétrie, la stimulation par re-échantillonnage de la distribution empirique des rendements anormaux, l'entreprise contrôle, le modèle à trois facteurs de Fama et French (1992, 1993) et le portefeuille en temps calendaire.

- **Les modèles d'évaluation des actifs**

Kothari et Warner (1997) déterminent la pertinence de cette méthode selon le recours aux modèles d'évaluation des actifs utilisés dans les études d'événements à court terme, pour déterminer les rendements espérés à long terme. Ces études soulignent que le modèle du rendement du marché et le modèle d'équilibre des actifs financiers donnent des refus. De plus, les biais provoqués par ces techniques augmentent avec l'accroissement de la période de calcul. Les auteurs relient ces résultats au biais du survivant et au biais de l'asymétrie et recommandent le recours aux techniques non paramétriques telles que les méthodes de reéchantillonnage afin de diminuer ce biais.

i) Le portefeuille de marché

L'indice de marché peut déterminer le rendement espéré à long terme d'un titre. Le calcul de ce rendement prend en considération des titres qui forment le portefeuille. Cette technique décrit l'activité économique du marché puisqu'elle attribue un poids croissant aux rendements des firmes de grandes tailles. Toutefois, le recours au portefeuille du marché, déterminant le rendement espéré, peut provoquer la naissance du biais du survivant et celui d'asymétrie. Ainsi existe-t-il des firmes spécialisées dans l'approvisionnement des rendements périodiques des titres composés sur les bourses, tout en recourant à une pondération semblable pour toutes les firmes ? Barber et Lyon (1997) recommandent l'utilisation d'un portefeuille de marché équipondéré. Cette technique facilite la collecte des rendements anormaux en égalisant les effets des petites et des grandes firmes. D'après Loughran et Ritter (2000), une étude événementielle est dite typique lorsque les observations sont pondérées et les résultats statistiques pertinents du point de vue d'un gestionnaire, d'un investisseur ou d'un chercheur. Ces derniers tentent de détecter les rendements anormaux à partir des événements aléatoires. Cette technique provoque ainsi la naissance du biais de recomposition dissocié du biais de survivant et d'asymétrie.

ii) Le portefeuille réplique

Barber et Lyon (1997) ainsi que Lyon, Barber et Tsai (1999) forment des portefeuilles qui prennent en considération le ratio « valeur comptable sur valeur de marché » et l'effet de la taille déterminés par Fama et French (1992, 1993) et qui s'évaluent sur la base d'achat-conservation. Cette démarche tente à prouver qu'un portefeuille réplique préparé méticuleusement limitera le biais du survivant et celui de recomposition. Certes, il est possible d'éviter le premier biais lorsque les firmes introduites dans les portefeuilles répliques détiennent des informations relatives à la taille et au ratio (valeur comptable/valeur de marché) précédant la date de l'événement. De plus, pour déterminer la valeur des rendements de l'échantillon et du portefeuille répliqué, on peut recourir à la méthode d'achat-conservation pouvant éliminer le biais de recomposition car les titres sont maintenus à partir de la date d'achat jusqu'à l'achèvement de la période. Lyon, Barber et Tsai (1999) recommandent deux techniques considérant des biais d'asymétrie incontournables avec la méthode du portefeuille-réplique. Ces biais sont la simulation par re-échantillonnage de la distribution empirique d'un test t ajusté par l'asymétrie ainsi que la simulation par re-échantillonnage de la distribution empirique des rendements anormaux.

iii) La simulation à partir d'un reéchantillonnage de la distribution empirique d'un test t adapté pour l'asymétrie

Johnson (1978) présente un test t qui prend en considération l'asymétrie de la répartition des données exploitées. Sutton (1993) utilise la méthode de re-échantillonage et détermine les paramètres de l'équation du test t de Johnson. Lyon, Barber et Tsai (1999) se réfèrent à la méthode de Sutton (1993) pour caractériser les rendements anormaux avec l'existence d'une distribution asymétrique. Grâce à cette technique, les auteurs corrigent le biais d'asymétrie.

iv) La simulation par re-échantillonage de la distribution empirique des rendements anormaux

Pour évaluer le niveau de significativité statistique des rendements anormaux à long terme, les auteurs utilisent la technique adoptée par Brock, Lakonishok et Lebron (1992) ainsi que Ikenberry, Lakonishok et Vermaelen (1995). Il est donc nécessaire de déterminer une distribution empirique des rendements anormaux à travers la méthode de ré-échantillonnage. La méthode consiste à constituer un pseudo portefeuille formé d'un ensemble de firmes identiques à l'échantillon sous étude qui se rapporte à la taille et au ratio valeur comptable sur valeur de marché, à la date d'événement. Les firmes sont sélectionnées d'une manière tout à fait imprévisible dans un groupe de contrôle. Les rendements anormaux de chaque firme, contenus dans un pseudo portefeuille, sont déterminés sur la base d'achat-conservation et ce, en recourant à un portefeuille réplique présentant des particularités semblables en termes de taille et de ratio valeur comptable sur valeur de marché.

Cette technique d'échantillonnage est reproduite plusieurs fois. D'après cette méthode, le test statistique consiste à refuser l'hypothèse nulle qui pointe le rendement anormal moyen de l'échantillon se déterminant en dehors des valeurs critiques de la distribution empirique des rendements anormaux moyens. Lyon, Barber et Tsai (1999) ajoutent que ces techniques peuvent exclure les trois biais c'est-à-dire celui du survivant, de recomposition et enfin d'asymétrie. Ces moyens permettent d'éviter les difficultés relatives à la dépendance mutuelle entre les rendements des titres et aux faiblesses du modèle d'évaluation des rendements espérés.

v) L'entreprise contrôle

Barber et Lyon (1997) recommandent la technique de l'entreprise contrôle pour déterminer les rendements anormaux à long terme. Selon eux, l'approche de la firme contrôle écarte le biais du survivant car les deux firmes, l'échantillon et le contrôle sont cotés au moment de l'introduction. Cette pratique permet d'éviter le biais de recomposition car le rendement des deux entreprises se calcule sans recomposition. Enfin, elle écarte le biais d'asymétrie puisque les deux entreprises ont la même probabilité de générer des rendements positifs importants. On sélectionne ainsi les firmes identiques en termes de taille et du ratio qui correspond à la valeur comptable sur la valeur de marché. Les auteurs sélectionnent les firmes dont la taille[10] se trouve dans un intervalle de + ou – 30 % de celle de l'entreprise de l'étude. En fonction du groupe, on définit l'entreprise. Le ratio valeur comptable sur valeur de marché est proche de celui de la firme à évaluer.

vi) Le modèle à trois facteurs de Fama et French (1992-1993)

Le modèle à trois facteurs de Fama et French (1992, 1993) est le suivant :

$$R_{it} - R_{ft} = \alpha_i + \beta_i(R_{mt} - R_{ft}) + s_i SMB_t + h_i HML_t + \varepsilon_{it} \qquad \textbf{(11)}$$

L'ordonné à l'origine α permet de déterminer le rendement anormal du titre. En d'autres termes, la partie du rendement qui

[10] La taille est définie comme étant la valeur marchande des actions ordinaires.

dépasse ou se trouve au-dessous du rendement espéré, et ce en tenant compte du risque supplémentaire du marché, du facteur de la taille et du ratio valeur comptable sur la valeur de marché. Ce modèle ne détermine pas la taille ou le ratio valeur comptable sur la valeur de marché des firmes, mais évalue le comportement des rendements par comparaison aux facteurs de risques déterminés par ce modèle. Ces derniers mesurent le risque puis le rendement espéré. Après l'événement, le modèle à trois facteurs dégage au moins cinq dispositions de rendements, provoquant la création d'un biais de survivant. Ce modèle montre, également, que les facteurs dégagés de la régression linéaire ne varient pas en fonction du temps.

vii) Le portefeuille en temps calendaire

Cette technique résulte des travaux de Jaffe (1974), de Mandelker (1974), ceux de Fama (1998) et enfin ceux de Mitchell et Stafford (2000). Ces auteurs préconisent le recours à la méthode de portefeuille en temps calendaire donnant une diminution des difficultés relatives à la dépendance mutuelle des rendements des titres des entreprises-échantillons. Dans le cadre de cette méthodologie, Lyon, Barber et Tsai (1999) recommandent deux méthodes qui sont le modèle à trois facteurs de Fama et French et la moyenne mensuelle des rendements.

La méthode de portefeuille en temps calendaire prend en considération l'hétérocédasticité qui est la conséquence de la variation de la composition du portefeuille d'un mois sur l'autre. D'après Lyon, Barber et Tsai (1999), la méthode de la moyenne des rendements en temps calendaires présente des taux de refus supérieurs à ceux de la méthode basée sur le modèle à trois facteurs de Fama et French. En 1993 Sutton utilise la méthode de réechantillonage pour déterminer les paramètres de l'équation du test de Johnson.

Après avoir présenté les différentes méthodes applicables pour déterminer la performance des entreprises nouvellement introduites en bourse à long terme ainsi que les différents biais possiblement rencontrés, nous exposerons par la suite, l'échantillon, la période de l'étude, les hypothèses à tester, la méthodologie adoptée à partir des modèles utilisés et enfin les différents résultats corroborés.

1.2. Collecte des données et échantillon de l'étude

1.2.1. La source des données

Les identités des entreprises technologiques introduites en bourse sur le marché français pendant la période de 1997 à 2008 ont été obtenues à partir de plusieurs sources.

Les chiffres tirés de la base de données *Thomson Financial's Securities Data Company Issues* (SDC) Platinum, sont l'acquisition de données sur les sociétés nouvellement introduites tels que la date de l'inscription, prix d'offre, le nombre d'actions offertes, les cours de bourse, les capitaux levés, les types d'IPO, secteur d'activité et l'identité de l'introducteur teneur de marché. Nous avons vérifié les dates d'introduction ainsi que les intermédiaires introducteurs à l'aide des divers prospectus d'introductions. Nous avons aussi utilisé la banque des données *Thomson Financial* pour extraire l'évolution de l'indice SBF 250 ainsi que les différentes données comptables. Les cours des titres et les volumes traités sont extraits de la base de données *Data Stream*. Des informations supplémentaires sur l'IPO ont été obtenues à partir du site Web de l'AMF.

L'information sur la structure de l'actionnariat avant l'opération provient du prospectus d'introduction. En revanche, pour la structure de l'actionnariat après introduction, elle résulte du rapport de notification sur la propriété exigé par les autorités boursières. L'introduction n'est pas suffisante et il est nécessaire de donner du temps à cette entreprise afin qu'elle puisse réajuster son fonctionnement. En outre et toujours sur une base de cinq ans, nous attestons de la fiabilité de la périodicité mais sous condition qu'il faille tenir compte d'éventuels événements susceptibles de fausser les résultats trouvés. Aussi, une fenêtre d'observation de trois ans peut être amplement suffisante.

1.2.2. L'échantillon de l'étude

L'échantillon fondamental de cette recherche regroupe des opérations d'introduction fournies par Euronext Paris, sur des entreprises françaises opérantes dans des secteurs de hautes technologies. Ce même échantillon est retenu pour l'étude d'événement et aussi pour l'analyse comptable. Ces opérations d'introductions se réalisent entre 1997 et fin 2008. Seules les entreprises dont on peut déterminer toutes les caractéristiques sont prises en compte.

Tableau 5 : Critère de sélection de l'échantillon

Critères utilisés	Valeur des critères	Nombre cherché
Base de données	Toutes les sociétés figurant dans la base Thomson Financial's Securities Data Company Issues (SDC) Platinum en 2007	n/a
Type	IPO	61 866
Pays	France	560
Dates d'introduction entre	01/01/1997 et 31/12/2008	320
Mid Industry	Biotechnologies Pharmacie Computers & Peripherals E-commerce / B2B Internet Infrastructure Internet Software & Services IT Consulting & Services Other High Technology Software Space and Satellites Telecommunications Equipment Wireless	147

Source : liste fournie par Euronext Paris et prospectus d'introduction issus de la base Thomson Financial.

Plusieurs critères de sélection ont été imposés dans cette étude. Plus précisément, les entreprises ayant opéré une IPO devaient satisfaire aux critères suivants pour rester dans l'échantillon final afin que ce dernier ne soit pas influencé par des opérations de grande taille ainsi que par la spécificité ou la prédominance du secteur. En voici les principales caractéristiques :

1- Les banques et les sociétés à portefeuilles sont éliminées ;

2- Les opérations suivies d'une radiation du marché après l'introduction à la cote officielle ;

3- Mise à disposition du prospectus d'introduction.

Le nombre d'entreprises de l'échantillon varie au fil des années selon le type d'analyse entrepris et les fenêtres de temps en considération. Le tableau supra résume l'impact de la projection des données et la distribution des temps de l'échantillon final. Cet échantillonnage nous permet d'utiliser un ensemble de 92 introductions sur le marché français pour lequel nous menons une étude sur la performance à long terme.

La justification principale de l'utilisation d'un échantillon d'introductions en bourse énumérées de 1997 à 2008 est que cette période présente moins d'études que d'autres. Certaines, antérieurement publiées sur la performance à long terme du prix de l'IPO française, ont examiné la période allant jusqu'à 2004 (par exemple, Chahine (2004) ou Gajewski et Gresse (2006)). Ainsi cette étude adopte un échantillon plus récent pour obtenir des preuves supplémentaires, notamment sur la performance à long terme des introductions en bourse françaises. La période d'échantillonnage est examinée jusqu'à 2008, puisque cette étude examine la performance de 1 à 3 ans suite à une introduction en bourse. La nécessité d'étudier la performance à long terme post-IPO pour trois ans après l'offre exige que la période d'échantillonnage s'achève en 2008. Par conséquent, la période étudiée présentement s'échelonne en fait de 1997 à 2011.

1.2.3. Les caractéristiques de l'échantillon

La répartition sectorielle de notre échantillon entre 1997 et 2008 est présentée dans le tableau suivant :

Tableau 6 : Les statistiques descriptives des introductions en bourse sur le marché français entre 1997 et 2008

Industrie	Fréquence des opérations	Pourcentage	Année introduction	Fréquence des opérations	Pourcentage
Biotechnologie	9	10%	1997-1998	10	11%
IT services	30	33%	1999-2000	30	33%
Medtech and Health Care	10	11%	2001-2003	11	12%
Software	24	26%	2004-2006	21	23%
Technologies	19	21%	2007-2008	20	22%
Total	92	100%	*Total*	92	100%

Les caractéristiques des offres de notre échantillon immédiatement après l'introduction se résument comme suit :

Tableau 7 : Les caractéristiques des introductions des firmes technologiques sur le marché français

Echantillon des introductions N=92			
Variables	**Moyenne**	**Ecart-type**	**T- statistique**
Volume de l'offre	27240	136497	0,70618
Endettement (IPO)	1,79 002	3,33429	0,53685
Rentabilité économique (IPO)	0,0222	0,08207	0,2705
Market to book value des IPOs (MTBV)	2 ,75	0,6233	0,32813
Part dans le capital détenue par les actionnaires d'origine	75,35	14,15	1,73
Part dans le capital détenue par les actionnaires majoritaires	25,65	14,2	1,19
Moyenne du Bid Ask Spread	2,15	0,89	-4,52
Moyenne du turnover volume	1,36	1,23	3,25

1.3. Les hypothèses de l'étude

La présentation achevée d'une brève revue de la littérature des recherches réalisées en matière de sous-performances des firmes introduites en bourse, nous autorise à formuler des hypothèses précises.

Hypothèse 1 :

Il y a une différence dans la performance boursière à long terme lorsque les indices de marché et les entreprises de taille similaire sont bien utilisés comme référence (*benchmarks*).

Hypothèse 2 :

Il y a une différence dans la performance à long terme lorsque les approches de l'événement temps et celle du temps calendaire sont employées.

Hypothèse 3 :

Il y a une différence dans le degré de significativité des rendements anormaux d'actions « *buy-and-hold* » à long terme lorsqu'un *t-adjust* est utilisé pour le calcul de l'asymétrie.

Hypothèse 4 :

Il y a une différence dans la moyenne des rendements anormaux à long terme lorsque l'échantillon est classé par l'année de souscription, le secteur et les rendements initiaux.

1.4. La méthodologie adoptée

Il est évident qu'en termes de propriétés statistiques, aucune méthode ne fait office de plus optimale. Nous suggérons comme solution de diversifier l'utilisation de ces approches pour mesurer la performance boursière.

De ce fait, la comparaison de différentes approches nous facilitera l'approbation des tests de robustesse des résultats.

Pour mesurer la performance boursière à long terme, on utilise la méthodologie des études d'événements à long terme et la méthode calendaire. On observe ainsi l'évolution de la performance des entreprises introduites en bourse sur trois fenêtres d'événements qui sont : (+1, +12), (+1, +24) et enfin (+1, +36) débutant à partir de la fin du mois de la date d'introduction ou encore sur les horizons suivants 6, 12, 18, 24, 30 et 36 mois. Le choix de ces périodes permet d'apprécier le comportement des entreprises suite à leurs introductions en bourse.

1.4.1. L'approche en coupe transversale

Dans cette approche, on évalue la performance des entreprises introduites en bourse à partir de la méthode des rendements anormaux cumulés (CAR) et celles des rendements composés anormaux (BHAR).

1.4.2. La méthode des rendements anormaux cumulés

Le rendement anormal mensuel de chaque firme est égal à :

$$AR_{it} = R_{it} - E(R_{it}) \quad \textbf{(12)}$$

En cumulant les rendements anormaux mensuels sur une période de T mois, on a un rendement anormal cumulé (CAR_{it}) qui est égale :

$$CAR_{iT} = \sum_{t=1}^{T} AR_{it} \quad \textbf{(13)}$$

Pour l'ensemble de notre échantillon, on a le CAR moyen de n entreprises :

$$\overline{CAR} = \sum_{i=1}^{n} \frac{CAR_{it}}{n} \quad \textbf{(14)}$$

Le test statistique effectué sur les rendements anormaux cumulés s'obtient à l'aide de la formule suivante :

$$t_{CAR_{it}} = \frac{CAR_{it}}{\sigma(CAR_{it}) / \sqrt{n_t}} \quad \textbf{(15)}$$

Avec $\sigma(CAR_{i,t})$ représente l'écart type des rendements anormaux pour l'échantillon de n entreprises. Selon Ritter (1991) ainsi que Barber et Lyon (1997), on préfère l'utilisation des erreurs-types car elles neutralisent les biais des nouvelles offres. Plus précisément, le test statistique pour le CAR_{it} est :

$$t_{CAR_{it}} = \frac{CAR_{it}\sqrt{n_t}}{\sqrt{t\,\text{var} - 2(t-1)\text{cov}}} \quad \textbf{(16)}$$

Avec var la moyenne des variances de l'échantillon sur 36 mois de AR_{it} et cov l'auto -covariance de premier ordre des séries AR_t .

1.4.3. La méthode des rendements composés anormaux ou la méthode achat- conservation

Pour mesurer la performance à long terme, on utilise une deuxième méthode qui se base sur le calcul du rendement. C'est la méthode *achat-conservation* pour T périodes[11]. Le rendement à long terme de la firme i durant le nombre de mois T est :

$$R_{i,T} = \prod_{t=1}^{T}(1 + r_{i,t}) \quad \textbf{(17)}$$

Le rendement anormal *achat-conservation* ajusté à la performance normale du taux de rentabilité $E(R_{it})$ sur la même période est défini par :

$$BHAR_{iT} = \prod_{t=1}^{T}(1 + R_{it}) - \prod_{t=1}^{T}(1 + E(R_{benchmark,t}) \quad \textbf{(18)}$$

La moyenne des rendements anormaux ajustée pour la période t est défini par :

$$\overline{BHAR} = \sum_{i=1}^{n} \frac{BHAR_{iT}}{n} \quad \textbf{(19)}$$

L'hypothèse nulle H_0 montre que le BHAR pour n entreprises sur les mois T est égale à zéro :

$$H_0 : BHAR_T = 0 \quad \textbf{(20)}$$

[11] Selon Roll (1983), la méthodologie *achat-conservation* est un estimateur non biaisé du rendement durant la période de conservation.

Pour tester l'hypothèse nulle, on utilise le test statistique *t* ajusté de la *skewness*, recommandé par Neyman et Pearson (1928) et récemment exploité par Lyon *et al.* (1999). Le test est le suivant :

$$t = \sqrt{n}(S + \frac{1}{3}\hat{\gamma}S^2 + \frac{1}{6n}\hat{\gamma}) \qquad (21)$$

où :

$$s = \frac{Moyenne(BHAR)_t}{\sigma(BHAR)_t} \qquad (22)$$

t=1…12, 18, 24, 30 et 36 mois ;

$\hat{\gamma}$ est un estimateur du coefficient de *skewness* :

$$\hat{\gamma} = \frac{\sum_{i=1}^{n}(BHAR_{it} - \overline{BHAR_t})^3}{n\sigma(BHAR_t)^3} \qquad (23)$$

Cette méthode est la plus adaptée à la mesure de la performance des firmes étudiées dans les différentes études d'événements et sur des horizons temporels relativement longs. La différence entre cette méthode et la précédente, c'est que la méthode *d'achat- conservation* tient compte de l'effet de capitalisation. En revanche, la méthode du cumul des rendements n'est qu'une somme des rendements observés.

1.4.4. L'évaluation des rendements attendus : les différentes méthodes d'évaluation ou « *benchmarks* »

Ces méthodes d'évaluation ou encore les *benchmarks* permettent de déterminer la performance à long terme. Actuellement, résident ici deux méthodes possibles : l'entreprise de contrôle et l'approche des portefeuilles calendaires. Cette dernière est développée par Jaffe et Mandelker (1974), et est exploitée dans les études événementielles les plus récentes telles que celle de Spiess et Affleck-Graves (1999) et celle de Mitchell et Stafford (2000). Elle corrige ainsi la variance des portefeuilles calendaires en complément de l'approche en coupe transversale.

L'approche des portefeuilles calendaires peut, à son tour, être divisée en deux sous méthodes : la première se réfère à la méthode des trois facteurs développée par Fama et French[12] (1993), et la seconde basée sur la moyenne mensuelle des *Calendar-Time Abnormal Returns*.

1.4.4.1. Les sociétés de référence

Pour chaque société de notre échantillon, il est désigné parmi les sociétés de contrôle, une firme similaire en termes de trois facteurs qui sont secteur, taille et ratio valeur comptable sur valeur de marché. On se réfère ainsi à des firmes dont la taille se situe dans un intervalle de + ou – 30% de la firme de l'échantillon, dont le ratio valeur comptable sur valeur de marché se rapproche au plus de l'entreprise à évaluer et enfin appartiennent au même secteur d'activité.

Barber et lyon (1997) recommandent la technique de l'entreprise contrôle afin de caractériser les rendements anormaux à long terme. Selon eux, l'approche de la firme contrôle élimine le biais du survivant car dans les deux firmes, l'échantillon et le contrôle sont cotés au moment même de l'événement. Cette démarche délimite donc le biais de recomposition puisque le rendement des deux entreprises se calcule sans recomposition. Enfin, elle écarte le biais d'asymétrie dans la mesure où les deux entreprises présentent la même probabilité à engendrer des rendements positifs importants.

1.4.4.2. Le modèle à trois facteurs de Fama et French (1992-1993)

Dans notre étude, la période d'intérêt événementielle est de trois ans. Pour chaque mois du calendrier, on calcule le rendement sur un portefeuille formé des firmes qui réalisent une opération d'offre durant les trois dernières années du calendrier. Le

[12] Ce modèle est celui de l'évaluation des actifs financiers (MEDAF), dans le quel le premier facteur est introduit pour neutraliser l'effet taille et le second pour neutraliser la confiance des investisseurs.

rendement *Calendar-Time* de ce portefeuille est adopté afin d'estimer la régression suivante :

$$R_{pt} - R_{ft} = \alpha_i + \beta_i \left[R_{mt} - R_{ft}\right] + s_i SMB_t + h_i HML_t + e_{it} \quad \textbf{(24)}$$

Avec R_{pt} est le portefeuille des IPOs entre 1997 et 2008.

($R_{mt} - R_{ft}$) : est l'excédent du rendement de marché par rapport à celui de l'actif sans risque. Le premier terme R_{mt} représente la rentabilité moyenne des titres pondérée par la capitalisation boursière chacun. On utilise, également, une moyenne de rendement équi-pondérée. Le deuxième terme R_{ft} est le rendement de l'actif sans risque.

SMB_t : *Small Minus Big* est la différence de chaque mois t entre la moyenne des rentabilités sur trois petits portefeuilles et la moyenne des rentabilités sur trois grands portefeuilles. Voici la formule :

SMBt = 1/3 (SmallValue + SmallNeutral + BigValue) – 1/3 (BigValue + BigNeutral + BigGrowt) (25)

HML_t : *High Minus Low* est la différence de chaque mois t entre la moyenne des rentabilités du portefeuilles avec un ratio $MTBV$ élevé et la moyenne de rentabilité du portefeuille avec un ratio $MTBV$ faible,

$$HML_t = \frac{1}{2}(SmallValue + BigValue) - \frac{1}{2}(SmallGrowth + BigGrowth) \quad \textbf{(26)}$$

α_i, β_i, s_i et h_i sont les paramètres à estimer de la régression. L'estimation de la constante (α) de la régression permet de tester l'hypothèse nulle. Selon cette dernière, la moyenne mensuelle de l'excès de rendement sur le *Calendar-Time Portfolio* est égale à zéro. Les constantes dans ces régressions font l'objet d'une interprétation semblable à l'alpha de Jensen dans les travaux du MEDAF.

1.4.4.3. La méthode des rendements anormaux mensuels moyens calendaires

En fonction de cette méthode, nous établissons le rendement anormal pour chaque mois AR_{it}, en recourant au portefeuille-réplique. Elle consiste à mesurer la performance des firmes introduites en bourse sur une période de 36 mois. A cet effet, le calcul, dans un premier temps, porte sur la rentabilité anormale mensuelle AR_{it} pour chaque firme et à la fin de chaque mois calendaire t.

$$AR_{it} = R_{it} - R_{pt} \quad \textbf{(27)}$$

Puis ce calcul met l'accent sur la moyenne des rendements anormaux MAR_t pour chaque mois du calendrier.

$$MAR_t = \sum_{i=1}^{nt} X_{it} AR_{it} \quad \textbf{(28)}$$

Où

- n_t *: Le nombre des firmes dans le portefeuille au mois t.*
- X_{it} *: Le facteur de pondération des rendements anormaux.*

Quand les rendements anormaux sont équipondérés, on a : $X_{it} = \frac{1}{n_t}$

Quand les rendements anormaux sont pondérés d'après leurs valeurs marchandes, on a :

$$X_{it} = \frac{MV_{it}}{\sum MV_{it}} \quad \textbf{(29)}$$

Enfin, on déterminera les rendements anormaux moyens (MMAR).

$$MMAR = \frac{\sum_{t=1}^{T} MAR_t}{T} \quad \textbf{(30)}$$

Où T est le nombre total des mois pour lesquels les rendements anormaux se déterminent.

Le test statistique T est le suivant :

$$t(MMAR) = \frac{MMAR}{\sigma(MAR_t)/\sqrt{T}} \sim t(N-1) \quad \textbf{(31)}$$

Jaffe et Mandelker (1974) standardisent les rendements anormaux moyens mensuels par l'équation suivante :

$$t(MMAR_s) = \frac{MMAR_s}{\sqrt{T}} \approx t(T-1,T) \qquad \textbf{(32)}$$

Où $MMAR_s$ *: est la moyenne des rendements anormaux moyens standardisés.*

$\sqrt{T}$ *: est l'estimation de l'écart-type en série temporelle pour une période T avant le mois du calendrier.*

Cette méthode prend alors vraiment en considération l'hétérocédasticité conséquence de la variation de la composition du portefeuille d'un mois sur l'autre. D'après Lyon, Barber et Tsai (1999), la méthode de la moyenne des rendements en temps calendaires présente des taux de refus supérieurs à celui de la méthode basée sur le modèle à trois facteurs de Fama et French. En 1993, l'auteur Sutton exploitera la méthode de rééchantillonnage pour déterminer les paramètres de l'équation du test de Johnson.

Puisque l'étude d'événements se réfère aux cours boursiers dans la détermination réelle de l'impact des opérations d'introductions, elle ne peut pas, par conséquent, justifier les changements qui ont eu lieu dans la firme. Pas d'avantage qu'elle n'a la possibilité de déterminer les éléments internes de l'entreprise, susceptibles de changer ses cours de bourse. Les résultats relatifs aux données comptables sont complémentaires à ceux relatifs aux études d'événements et contribuent à la confirmation des hypothèses proposées puisque toujours moins volatils que les cours de bourse. Le recours à ces données affine l'analyse relative à la performance suite aux opérations d'introduction et aux différents facteurs la suscitant. Bien que ces données soient manipulables, elles restent toujours fiables et utilisables.

1.5. Procédure de sélection de portefeuille de référence

L'étude de l'évolution des performances et des caractéristiques financières des firmes nouvellement introduites en bourse se fera de manière systématique avec pour échelle de comparaison un échantillon de portefeuilles de référence. Nous suivons la même méthode que Barber et Lyon (1997), concernant la constitution de portefeuilles de référence.

Les rendements mensuels ajustés des portefeuilles de référence sont calculés de la même manière que les rendements des IPOs. Les portefeuilles de référence adoptée dans cette recherche seront : l'indice SBF250 et les firmes contrôle.

Section 2 : Les résultats de la recherche

2.1. La décote initiale

Les tableaux 8 et 9 présentent les statistiques sur la décote initiale pour les 92 observations de notre échantillon étudiées sur la bourse française et celle du benchmark (Equation 18 et 20).

Tableau 8 : Les rendements anormaux de notre échantillon observés entre 1997 et 2008

	Rendement initial non ajustés des IPOs (%)			
	1er jour	*7e jour*	*21e jour*	*30e jour*
moyenne	0,23	0,07	0,06	0,01
t-tst	(-0,15)	(-0,002)	0	(-0,033)
médiane	0,03	0,01	0	0
MW test	0	-0,001	-0,002	-0,003
min	-0,27	-0,24	-0,42	-0,5
max	3,15	3,02	1,51	1,87
taille de l'échantillon	92	92	92	92

Tableau 9 : Les rendements anormaux du *benchmark* observés entre 1997 et 2008

	Rendement initial non ajustés du benchmark (%)			
	1er jour	*7e jour*	*21e jour*	*30e jour*
moyenne	0,155	0,12	0,08	0,02
t-test	0	0	0	0
médiane	0,05	0,02	0,01	0,01
MW test	0	0	0	0
min	-0,01	-0,15	-0,78	-0,5
max	2,75	2,12	1,25	1,49
taille de l'échantillon	92	92	92	92

2.2. Les résultats d'après la méthode des rendements anormaux cumulés (CAR)

Les tableaux suivants relatent les résultats trouvés des rendement non ajustés (AR) et rendements anormaux cumulés ($CAR_{1,t}$) pour les 36 mois suivant l'introduction des 92 IPOS publiés entre 1997 et 2008.

La méthode consiste donc à soustraire le rendement mensuel de chaque titre et le rendement mensuel observé en utilisant l'indice équi-pondéré et l'indice pondéré par la valeur de capitalisation boursière (tableau 10).

Tableau 10 : Les résultats selon la méthode des rendements anormaux cumulés

Mois	*Nbre firmes*	*Equi-pondéré*				*Prépondéré selon MV*			
		AR	*t-stat*	*CAR1,t*	*t-stat*	*AR*	*t-stat*	*CAR1,t*	*t-stat*
1	89	6,96%	1,32	-38,56%	-2,20	-8,40%	-1,51	-1,13%	-70,64
2	89	2,17%	4,49	-26,81%	3,15	13,44%	8,76	2,78%	-25,54
3	90	8,02%	0,87	-17,81%	8,21	3,65%	1,79	9,31%	-13,01
4	90	7,17%	3,72	-11,64%	12,62	5,89%	2,94	16,92%	-7,16
5	90	-1,57%	4,83	-10,30%	9,00	1,09%	0,83	13,68%	-5,58
6	90	-2,93%	-0,41	-7,16%	5,96	-0,78%	-0,32	10,01%	-3,52
7	91	-2,58%	-1,31	-6,78%	1,65	8,37%	5,39	3,00%	-3,09
8	91	3,94%	-1,39	-11,65%	0,27	-4,57%	-3,30	0,53%	-4,88
9	91	-4,07%	4,90	-4,06%	-1,55	0,94%	1,23	-3,22%	-1,64
10	91	3,95%	-2,23	-0,64%	-0,84	3,77%	2,95	-1,85%	-0,30
11	91	1,30%	1,24	-11,25%	-0,76	-5,76%	-2,83	-1,76%	-3,97
12	**91**	**-4,60%**	**0,33**	**-21,81%**	**-3,16**	**-5,68%**	**-1,96**	**-7,64%**	**-7,30**
13	91	3,22%	-0,93	-9,07%	-1,70	0,60%	0,18	-4,29%	-2,94

14	91	-2,71%	0,33	-15,55%	-1,26	-7,17%	-1,57	-3,30%	-4,82
15	91	-1,06%	-0,29	-12,67%	0,23	-0,33%	-0,08	0,61%	-3,79
16	91	2,96%	-0,09	-4,63%	1,36	9,42%	1,92	3,82%	-1,37
17	91	2,99%	0,28	-5,50%	2,49	0,28%	0,06	7,20%	-1,57
18	91	-3,04%	0,34	-11,39%	2,74	-2,88%	-0,79	8,16%	-3,11
19	91	-0,52%	-0,27	-11,07%	3,69	0,99%	0,22	11,30%	-2,94
20	91	5,00%	-0,04	2,85%	8,71	1,40%	0,29	27,39%	0,68
21	91	3,28%	0,62	11,69%	8,15	1,86%	0,56	26,28%	2,86
22	91	0,87%	0,35	16,28%	9,88	-1,22%	-0,32	32,62%	3,90
23	92	4,43%	0,06	16,91%	9,37	7,64%	1,37	31,47%	3,99
24	**92**	**-2,59%**	**0,38**	**23,09%**	**7,69**	**1,13%**	**0,25**	**26,39%**	**5,34**
36	**92**	**-5,14%**	**-4,08**	**25,88%**	**5,87**	**-4,47%**	**-3,34**	**24,77%**	**4,87**

La moyenne du rendement anormal mensuel varie entre +12,52% et -10,04%. La valeur maximale du rendement cumulé équi-ponderé est de +41,62 % le trente-quatrième mois, puis s'infléchie.

Figure 1: L'évolution de rendements selon la méthode CAR, ajustée à l'indice du marché

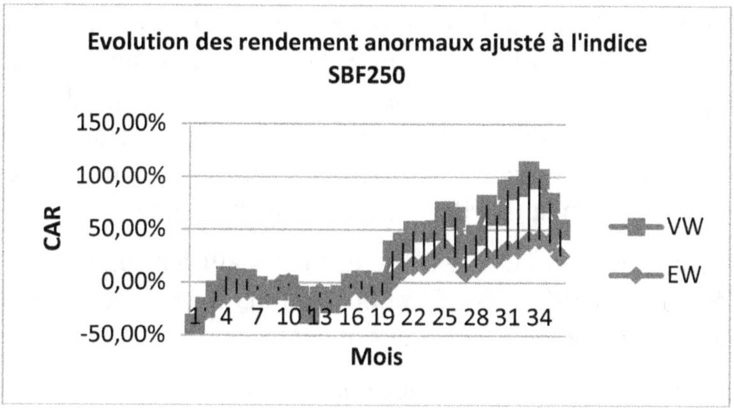

Lorsque les rendements mensuelles sont équi-pondérés sur l'ensemble de l'échantillon, nous constatons que les rendements anormaux ajustés sont négatifs pendant 16 mois et les CARs pendant 17 mois durant les trois années. En cohérence avec les travaux de Ritter (1991) sur les performances à long terme des IPOs sur le marché américain, la performance des IPOs des firmes détériorant significativement durant le long terme. Cette dégradation s'explique en partie par l'effet de la bulle spéculative sur les valeurs technologiques. Ces résultats confirment les travaux de Sentis (2001) portant sur les titres nouvellement introduits en bourse françaises entre 1991 et 1995. En effet, le rendement cumulé non ajusté trouvé par Sentis est de 99%.

Durant la première année de cotation, les rendements cumulés anormaux (CARs) ajusté avec l'indice de marché SBF250 sont négatifs pour tous les mois mais ce résultat n'est pas significatif pour le 3,4 et 5e mois. La deuxième année, nous constatons que la sous-performance est significativement négative pendant les six premiers mois et la troisième année, les rendements anormaux cumulés mesurés par la méthode équi-pondérée sous performent significativement par rapport à l'indice SBF 250. Hypothèse rejetée.

Lorsque les rendements anormaux mensuels sont pondérés selon le ratio de capitalisation boursière par rapport à la capitalisation boursière globale, le degré de la sous-évaluation et de la significativité s'amplifie par rapport à la méthode équi-pondérée. La première année, nous pouvons constater que la sous-performance débute au neuvième mois, et s'amplifie conséquemment pendant la deuxième et troisième année.

La sous-performance globale des IPOs ajustée calculée à partir de la méthode de pondération est plus importante que celle calculée selon la méthode équi-pondérée.

Pour tester la robustesse des résultats des AR et CARs ajustés à l'indice SBF250, nous illustrons dans le tableau 11 les AR et CAR ajustés au portefeuille de référence (*benchmark*).

Tableau 11: Les résultats selon la méthode des rendements anormaux cumulés ajustés au *benchmark*

Mois	*Nb firme*	*Equi pondéré*				*Pondéré selon MV*			
		AR	*t-stat*	*CAR1,t*	*t-stat*	*AR*	*t-stat*	*CAR1,t*	*t-stat*
1	89	6,73%	1,53	-1,96%	-3,81	-8,40%	-1,56	-38,73%	-70,33
2	89	2,33%	4,54	1,64%	2,29	13,44%	9,05	-26,98%	-49,59
3	90	8,03%	1,42	8,16%	7,22	3,65%	2,23	-17,97%	-19,03
4	90	7,10%	4,31	15,53%	10,89	5,89%	3,16	-11,80%	-10,82
5	90	-1,29%	5,86	12,50%	6,87	1,09%	0,90	-10,47%	-7,23
6	90	-2,65%	-0,92	9,19%	4,30	-0,78%	-0,56	-7,33%	-4,44
7	91	-2,45%	-2,24	2,36%	0,94	8,37%	7,10	-6,95%	-3,51
8	91	4,00%	-2,13	0,00%	0,00	-4,57%	-3,98	-11,82%	-5,45
9	91	-4,17%	4,87	-4,04%	-1,26	0,94%	1,14	-4,23%	-1,66
10	91	3,99%	-3,77	-2,52%	-0,71	3,77%	3,42	-0,81%	-0,24
11	91	1,40%	2,51	-2,28%	-0,58	-5,76%	-3,62	-11,42%	-3,78
12	91	-4,64%	0,55	-8,14%	-1,91	-5,68%	-2,26	-21,98%	-6,80
13	91	3,26%	-1,68	-4,75%	-1,03	0,60%	0,22	-9,24%	-2,59
14	91	-2,84%	2,33	-3,56%	-0,72	-7,17%	-5,13	-15,72%	-4,15
15	91	-0,95%	-2,12	0,47%	0,09	-0,33%	-0,24	-12,84%	-3,14
16	91	2,89%	-0,58	3,65%	0,64	9,42%	5,77	-4,80%	-1,08
17	91	2,77%	1,63	6,83%	1,13	0,28%	0,16	-5,67%	-1,20
18	91	-3,07%	2,62	8,02%	1,26	-2,88%	-2,73	-11,56%	-2,37
19	91	-0,44%	-2,11	10,83%	1,60	0,99%	0,68	-11,24%	-2,17
20	91	5,41%	-0,27	27,59%	3,89	1,40%	0,88	2,68%	0,53
21	91	3,11%	3,21	26,54%	3,56	1,86%	1,10	11,52%	2,08

22	91	0,91%	1,68	32,92%	4,22	-1,22%	-0,66	16,12%	2,77
23	92	4,44%	0,44	31,62%	3,89	7,64%	3,71	16,75%	2,76
24	92	-2,42%	2,73	26,88%	3,17	1,13%	0,69	22,92%	3,62
25	92	-0,04%	-1,01	35,27%	4,00	-0,44%	-0,18	32,53%	4,91
26	92	-1,82%	-0,02	38,01%	4,14	0,74%	0,33	24,26%	3,53
27	92	-10,18%	-0,89	26,37%	2,77	-9,60%	-4,67	10,04%	1,42
28	92	0,34%	-3,07	30,71%	3,11	-0,57%	-0,17	14,87%	2,02
29	92	-0,93%	0,17	50,17%	4,90	5,69%	2,79	24,39%	3,18
30	92	-8,26%	-0,34	42,10%	3,98	-4,05%	-1,46	23,49%	2,96
31	92	12,56%	-1,47	58,50%	5,35	9,16%	1,63	31,30%	3,81
32	92	8,59%	7,47	60,64%	5,37	1,86%	1,10	32,29%	3,81
33	92	3,08%	6,42	68,00%	5,84	0,80%	0,60	39,64%	4,53
34	92	1,89%	1,85	58,54%	4,88	3,90%	2,34	41,47%	4,60
35	92	-5,56%	1,23	39,37%	3,19	-0,96%	-0,63	38,26%	4,12
36	92	-5,27%	-4,16	25,85%	2,04	-4,47%	-3,34	25,72%	2,70

D’après les résultats publiés, les rentabilités anormales dégagées à partir de la méthode des rendements anormaux cumulés des firmes introduites en bourse sont négatives un mois après la date d’introduction et demeurent négatives jusqu’au dix-neuvième mois si l'on utilise l’indice SBF 250 et positives jusqu’à la fin de l’année 3. Toutefois, la plupart des valeurs des tests statistiques sont significatives pour tous les mois suivant la date d’introduction. Nous sommes donc autorisés à en conclure que les rendements anormaux dégagés sont positifs et significatifs la deuxième et troisième année. Les opérations d’introduction en bourse améliorent la performance des entreprises introduites selon la méthode des rendements anormaux cumulés.

Figure 2: L'évolution de rendements selon la méthode CAR ajustée au *benchmark*

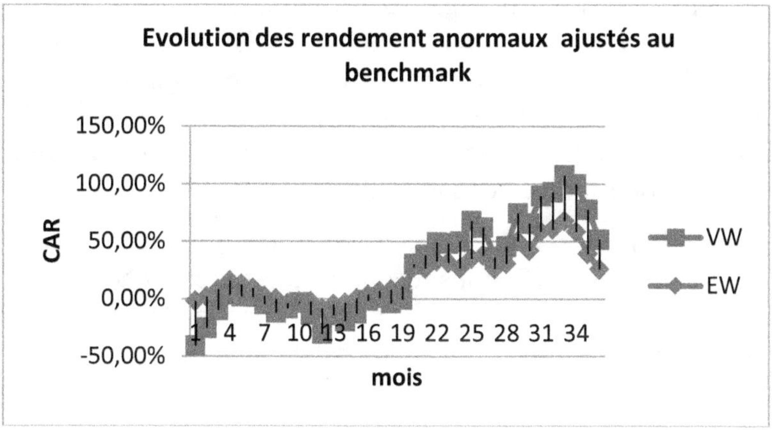

Toutefois, à ce niveau, se dessinent certaines limites. En fait, d'après les recherches de Barber et Lyon (1997), l'étude de la performance à long terme à travers l'étude d'événement standard en calculant les rentabilités anormales cumulées (RACs), n'est pas valable car ces dernières sont un estimateur biaisé de la rentabilité *Buy and Hold*. De plus, même si les statistiques calculées à partir des CARs semblent correctes, l'ampleur de la rentabilité anormale n'est pas juste.

2.3. Les résultats d'après la méthode achat-conservation

Le tableau 12 présente les résultats de la méthode « achat-conservation ». Cette dernière consiste à tester l'hypothèse nulle. Il s'agit, plus précisément, de retenir le rendement dégagé par l'actionnaire acquéreur de titres de sociétés nouvellement introduites en bourse lesquelles sont conservées sur un intervalle de temps s'étendant de 6 mois jusqu'à 36 mois. Ce rendement n'est autre que la différence entre les rendements des IPOs et ceux des portefeuilles de référence.

Il a bien été confirmé par les études antérieures (Ritter (1991) ; Loughran et Ritter (1995) ; Grompers et Lerner (2003)) que la mesure de la performance de long terme est sensible à l'indice de référence utilisé. Outre la présentation des rendements IPO ajustés au rendement des firmes ayant les mêmes capitalisations boursières et appartenant au même secteur, la présente étude analyse également le rendement BHAR et le ratio du gain selon l'indice de marché français SBF250.

En utilisant d'autres indicateurs de référence, comme l'illustre le tableau 12, nous recourons à différents choix comme les rendements anormaux, afin d'ajuster les rendements bruts ; l'indice boursier équi-pondéré et l'indice boursier pondéré par la valeur.

Indépendamment du facteur d'ajustement, les résultats justifient l'existence des rendements anormaux positifs et significatifs à partir du vingtième mois (méthode pondéré par la capitalisation boursière) et ce, pendant les trois années (méthode équipondérée).

Ces résultats confirment les travaux empiriques de Perotti et Guney (1993), Perotti (1995) et Jenkinson et Mayer (1988), facteur déducteur d'une forte performance de firmes nouvellement introduites en bourse. Au début de la deuxième année, les signes deviennent positifs.

Tableau 12: Les résultats selon la méthode *achat-conservation* (indice du marché)

Panel A: Buy and Hold Abnormal returns des IPOs ajusté à l'indice de marché SBF 250

Mois	*firme*	*équi-pondéré*			*pré pondéré MV*		
		BHAR	*Skewness*	*t stat*	*BHAR*	*Skewness*	*t stat*
2	92	-0,55%	1,86	-0,08	5,86%	1,46	1,26
6	92	-0,89%	1,13	-0,19	14,43%	0,91	3,79
9	92	-4,36%	0,75	-1,14	17,29%	0,58	5,11
12(année1)	91	-1,49%	0,61	-0,36	5,22%	1,01	1,44
18	83	-2,85%	1,82	-0,56	11,39%	1,48	2,70
20	83	4,31%	1,38	0,74	21,46%	1,19	3,78
22	83	5,73%	1,72	1,00	16,73%	1,25	2,96
24(année 2)	83	10,16%	2,48	1,78	28,47%	1,91	5,52
28	83	20,40%	2,22	3,77	28,99%	1,77	5,48
30	83	8,95%	1,95	1,29	18,63%	1,54	2,71
34	83	6,74%	1,91	0,82	5,96%	1,59	0,71
36(année 3)	83	7,88%	1,99	1,09	12,56%	1,45	1,69

Tableau 13: Les résultats selon la méthode achat-conservation (benchmark)

Panel A: Buy and Hold Abnormal returns ajusté à l'indice de l'indice technologique

Mois	*firme*	*équi-pondéré*			*pré pondéré MV*		
		BHAR	*Skewness*	*t stat*	*BHAR*	*Skew-ness*	*t stat*
2	92	6,84 %	1,86	1,26	10,58	1,56	1,58
6	92	13,58%	0,96	3,79	16,52	1,83	-0 ,58
9	92	16,52%	0,59	5,11	19,25	0,76	1,15
12(année1)	91	6,32%	1,85	1,44	10,26	0,65	-1,36
18	83	12,25%	1,42	2,70	18,65	1,92	1,58
20	83	22,58%	1,69	3,78	26,48	1,58	1,74

22	83	15,45%	1,23	2,96	20 ,18	1,92	1,08
24(année 2)	83	29,47%	1,85	5,52	33,45	2,48	1,78
28	83	27,59%	1,96	5,48	30,15	2,92	3,87
30	83	17,65%	1,89	2,71	20,56	1,52	1,29
34	83	15,95%	1,59	0,71	17,15	1,25	0,92
36(année 3)	83	13,46%	1,88	1,69	15,15	1,95	1,99

Tableau 14 : Les résultats de la richesse relative

Panel B: Ratio du gain relatif (WRs)

	firme	*WR SBF*	*t stat*	*WR IT*	*t stat*
WR-Année1	91	1,11	0,46	1,02	1,74
WR-Année2	88	1,19	0,96	1,03	2,55
WR-Année3	78	1,15	2,01	0,90	3,76

Nous pouvons conclure à partir de cette méthode la présence d'une forte performance des firmes nouvellement introduites en bourse, confirmée par les travaux de Choi et Nam (1998) et la présence du phénomène de sous-évaluation « *underpricing* ». Cette dernière est la résultante de l'asymétrie d'information entre les différents intervenants et les émetteurs des titres d'après l'approche théorique.

Le tableau 14 résume les calculs des ratios de la richesse relative. Plus grand est le ratio, plus la richesse relative aux firmes nouvellement introduites en bourse est supérieure à leur indice de marché.

Figure 3: L'évolution de rendements selon la méthode BHAR, le portefeuille calendaire :

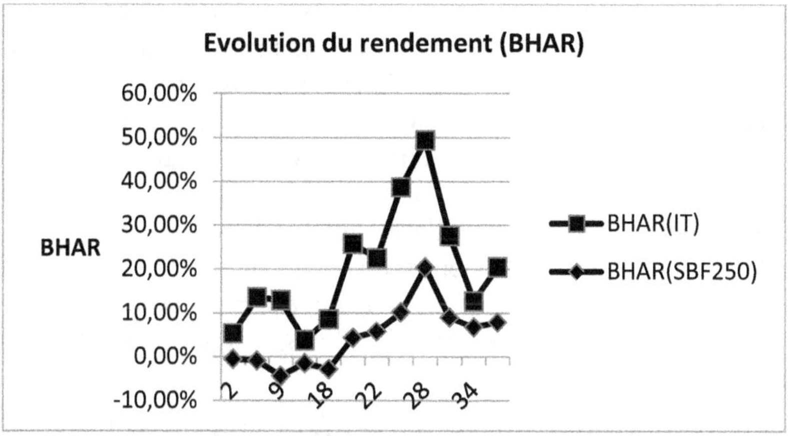

La deuxième méthode *Buy and Hold* sur la base de l'indice de référence qui ont les mêmes capitalisations boursières et appartenant aux secteurs technologiques, restituent des rendements positifs et même significatifs. Ces résultats s'affichent alors un mois après la date d'introduction, la deuxième et la troisième année. Il nous appartient de juger de l'amélioration positive et significative des firmes nouvellement introduites en bourse puisque elles surperforment les entreprises de référence.

Ces résultats confirment des travaux de recherches réalisés dans le même contexte comme ceux de Higson et Elliott (1998) et ceux de Rau et Vermaelen (1998) affichant selon une première étude, une rentabilité anormale nulle de ces firmes suivant les trois ans après la date d'introduction. Toutefois, ces résultats contredisent ceux d'Aggrawal, Jaffe, Mandelker (1992) qui dégagent une rentabilité négative de -10.26%. Gregory (1997) présente, également, une perte de -9.8% tandis que Pécherot (2000) rapporte une perte de -25% au bout de trois ans pour les firmes françaises.

Selon cette même méthode, nous admettons donc que l'introduction en bourse engendre une amélioration de la performance. A cet égard, les statistiques témoignent bien de l'évolution des indicateurs de l'activité des firmes nouvellement introduites en bourse. Barber et lyon (1997) recommandent la technique de l'entreprise de référence pour déterminer les rendements anormaux à long terme. Ils considèrent donc qu'une approche des entreprises de référence élimine le biais du survivant, l'échantillon et le benchmark étant cotés au moment de l'événement. Par ailleurs, elle exclut le biais de recomposition car le rendement des deux entreprises se calcule sans recomposition. Enfin, elle écarte le biais d'asymétrie puisque les deux entreprises ont la même probabilité d'engendrer des rendements positifs importants.

2.4. Le modèle à trois facteurs de Fama et French (1992-1993)

Pour la vérification de la robustesse de la méthode calendaire, nous avons utilisé le modèle à trois facteurs de Fama et French (1993), comme noté par Gompers et Lerner (2003).

Le tableau 15 représente les résultats de la régression du modèle de Fama et French pour les séries chronologiques. La variable dépendante est le rendement annuel des IPOs qui est régressé d'une part sur l'excès du rendement pour le MEDAF puis sur l'excès du rendement du SMB et du HML pour le modèle de Fama et French.

Tableau 15 : Rendements anormaux à long terme (MEDAF et Fama-French)

Panel A:Résultat pour les offres d'introduction (*désigne le seuil significatif de 1%)

Régression OLS	*MEDAF*		*Model Fama ET French*	
	Equal weighted	*Value Weighted*	*Equal weighted*	*Value Weighted*
Constante (*a*)	-0,017	0,012	-0,014	0,019
	(-1,12)	(-1,12)	(-0,94)	(-1,22)
Excès de rendement (*β*)	0,876	1,083	0,846	1,064
	(-16,52)*	(-16,52)*	(-8,52)*	(-12,85)*
SMB (*s*)			0,019	-0,153
			(-0,13)	(-0,178)
HML (*h*)			-0,19	-0,171
			(-1,48)	(-1,49)
R^2 ajusté	0,585	0,878	0,589	0,789
Régression WLS	*Equal weighted*	*Value Weighted*	*Equal weighted*	*Value Weighted*
Constante (*a*)	-0,034	-0,003	-0,034	0,0004
	(-4,28)*	(-0,029)	(-4,78)*	(-0,08)
Excès de rendement (*β*)	0,79	1,069	0,856	1,09
	(-18,23)*	(-40,42)*	(-19,23)*	(-34,25)*
SMB (*s*)			0,215	0,035

			(-3,32)*	(0,85)
HML (*b*)			0,014	-0,002
			(-0,26)	(-0,05)
R^2 ajusté	0,859	0,956	0,885	0,965

Nous remarquons que les constantes pour la régression du MEDAF sont presque nulles et qu'il y a absence de significativité. Le modèle à trois facteurs ne donne pas de renseignements supplémentaires. Effectivement pour les deux facteurs de pondération, nous avons des valeurs de constante qui sont presque nulles et non significatives. Selon la méthode du temps calendaire, la performance des introductions ne semble ni augmenter ni diminuer. Dans le tableau 15 nous pouvons constater également que si les introductions sont pondérées par la valeur, les constantes sont proches de zéro mais la significativité est absente. Cependant si les introductions sont équi-pondérées alors les constantes ne sont pas égales à zéro et elles sont significatives pour le modèle de *Fama et French* et pour le *MEDAF*.

L'augmentation des coefficients de l'excès de rendement est engendrée par la pondération pour exprimer les mouvements du marché.

Nous pouvons conclure que le calcul des rendements anormaux est une question purement méthodologique. La méthode du temps calendaire dépend d'une part du facteur de pondération et d'autre part de la méthode d'estimation.

2.5. Analyse en coupe transversale

L'analyse en coupe transversale de la performance des IPOs a été examinée à partir de plusieurs dimensions. Les valeurs de la moyenne et de la médiane des trois années de rendements calculés par la méthode *Buy-and-Hold* de notre échantillon des firmes introduites en bourse, l'indice du marché SBF250, et notre portefeuille de référence sont bien classés selon leurs années d'introduction, le secteur d'activité et la taille de l'opération.

Cette technique consiste à comparer les médianes et les moyennes des rendements BHAR des IPOs avec celles de l'indice de marché puis avec celles du portefeuille de référence.

Nous avons utilisé le t-test pour tester le degré de significativité entre les moyennes ; tandis que nous avons utilisé le test non paramétrique de *Mann-Whitney* (MV) pour examiner la différence entre les médianes.

2.5.1. La performance à long terme base sur la date d'introduction

Dans le tableau 16, nous présentons la moyenne des rendements BHAR calculée par la méthode équi-pondérée des 92 introductions en bourse sur le marché français durant la période 1997-2008 et leur comparaison avec le rendement de l'indice SBF250.

Tableau 16: Les performances à long terme suivant l'année d'introduction

année d'introduction		*IPO BHAR*	*Indice SBF250*	*Paired t-test MV test*
1997-1999	*Moyenne*	0,05	1,28	*0,560*
	Médiane	1,35	1,22	*0,379*
2000	*Moyenne*	-0,03	1,20	*0,092*
	Médiane	-1,20	1,23	*0,076*
2001-2003	*Moyenne*	-0,06	-0,07	*0,601*
	Médiane	-2,78	-0,06	*0,162*
2004	*Moyenne*	0,18	-0,20	*0,109*
	Médiane	8,98	-0,23	*0,073*
2005	*Moyenne*	0,68	0,22	*0,520*
	Médiane	37,27	0,08	*0,939*
2006	*Moyenne*	0,54	0,69	*0,040*
	Médiane	34,35	0,66	*0,036*
2007-2008	*Moyenne*	-0,04	0,34	*0,003*
	Médiane	-3,21	0,52	*0,000*

Le tableau 16 présente la segmentation de firmes introduites en bourse par la date d'introduction. Le « *t paired test* » est utilisé pour tester la significativité de la différence entre les rendements moyens de sociétés introduites en bourse dégagée par la méthode achat conservation BHAR et l'indice de marché. La statistique du test de proportionnalité binomiale est utilisée pour tester si la fraction des entreprises IPO performantes est significativement différente de 0,5.

Toutefois, les mauvaises performances des sociétés cotées entre les années 2000 et 2003 ne sont que faiblement significatives au niveau de 10%. Fait intéressant, les sociétés cotées dans les années 1997 et 1999 surperforment significativement au niveau de 5%.

2.6. Régression OLS

Dans cette section, on présente les résultats des différentes régressions effectuées à partir de la méthode des moindres carrés ordinaires. Les rendements anormaux ou encore les $Returns_{i,s}$ se calculent à partir des résultats dégagés selon la méthode BHAR équi-pondérés et ceux du modèle de trois facteurs de *Fama et French* pour six horizons, respectivement 6, 12, 18, 24, 30, et enfin 36 mois. Nous procédons à une analyse univariée de la performance à long terme et à une analyse multivariée. La régression permet de mettre en évidence la relation qui existe entre d'une part les rendements anormaux et d'autre part les facteurs spécifiques à l'introduction.

La régression OLS de notre étude est la suivante (32):

$$\begin{aligned}Returns_{i,s} &= \alpha_0 + \alpha_1(1+MAR_i) + \alpha_2 Risque_i + \alpha_3 Capital_i + \alpha_4 Taille_i + \alpha_5 Turnover_{i,s}\\ &+ \alpha_6 MTBV_{i,s} + \alpha_7 Log(MV_{i,s}) + \varepsilon_i\end{aligned}$$

Avec

- ***S :*** *est respectivement les valeurs, 6, 12,18, 24, 30 et 36 pour désigner l'horizon.*
- ***BHAR*** *et* ***CAR :*** *Le rendement dégagé.*
- ***Rent :*** *Le ratio de rentabilité.*
- ***Taille:*** *Le montant de capitaux levés.*
- ***Capital :*** *La part de capital détenu par les actionnaires d'origine au moment de l'introduction.*

- ***MV_i* :** *La capitalisation boursière.*
- ***$MTBV_{i,s}$* :** *Le ratio cours du titre / valeur comptable de la société i durant le mois s.*
- ***$Turnover_{i,s}$* :** *La moyenne sur s mois du ratio :nombre des titres échangés/nombre des titres cotés.*
- ***$Risque_{i,}$*:** *la moyenne sur les 20 premiers jours pour logarithme du rapport entre le prix le plus haut et le prix le plus bas.*

D'après les résultats trouvés dans le tableau 16, on remarque qu'à partir de la méthode *achat-conservation*, la variable de la part de détention des actionnaires d'origine n'a aucune valeur explicative significative et apparaît non différenciatrice à la notion de performance boursière à moyen et long terme des firmes nouvellement introduites en bourse. Ces résultats vont à l'encontre de la théorie d'agence et du signal. En effet les travaux de Leland et Pyle (1977) prouvent que la part de rétention des actionnaires d'origine est considérée comme un signal de la présence d'investissement rentable. De même que pour Jensen et Meckling (1976), ils aboutissent aux mêmes déductions et ils affirment que plus la part de capital en possessions des actionnaires d'origine est considérable, plus l'incitation à entreprendre des projets rentables augmente.

La variable taille touche négativement la performance et souligne que le marché est favorable à une introduction de faible taille. Aussi, l'étude de Miller (1977) montre que les gains observés sont fortement dilués en fonction de la taille de la firme nouvellement introduite. D'après l'auteur le risque *ex-ante* est mesuré par la taille de l'opération et nos résultats confirment cette hypothèse.

Pour la variable *turnover*, on remarque qu'elle influence positivement les rendements anormaux observés par les firmes initiatrices. Toutefois, la variable capitalisation boursière a un effet explicatif positif et même significatif.

La capitalisation boursière peut être considérée comme un facteur déterminant dans la performance à long terme. Ces résultats se confirment pour l'ensemble des fenêtres d'événements et pour les différents modèles étudiés. Pour la variable MTBV, les résultats observés font apparaître un signe positif de la variable MTBV ce qui prouve que cette variable a un caractère explicatif et significatif. Ces résultats apparaissent dans les différents modèles de l'étude et sur toutes les fenêtres d'après Lakonishok *et al.* (1994), et Rau et Vermaelen (1998).

Conclusion

Dans ce chapitre, nous avons déterminé la rentabilité anormale afin d'analyser la performance à long terme des entreprises technologiques nouvellement cotées sur le second marché Euronext Paris entre 1997 et 2008. L'appréciation de la rentabilité anormale de ces firmes se base sur plusieurs méthodes. Dans un premier temps, on détermine la performance financière à partir de la méthode d'événement, puis par la méthode calendaire en se basant sur deux *benchmarks.*

En premier lieu, notre investigation aboutit aux résultats suivants. Selon les différentes méthodes utilisées qui se réfèrent aux données boursières, les firmes nouvellement introduites en bourse (IPO) affichent une amélioration significative de la rentabilité boursière à moyen et long terme. Nous pouvons ainsi en déduire que la majorité des modèles confirment une surperformance des firmes introduites en bourse dans les trois ans qui suivent la date de la première cotation. Les résultats prouvent que notre échantillon surperforme l'indice de marché ainsi que les portefeuilles de référence. Nous pouvons préciser que le niveau de performance est sensible aux choix de la méthode de calcul de rendements anormaux. En effet la méthode pondérée par la capitalisation boursière révèle une performance meilleure que celle calculée par la méthode équi-pondérée.

Tableau 17: Les résultats de la régression multiple avec différents horizons de BHAR comme variable à expliquer

La méthode achat- conservation BHAR

Fenêtre de l'étude	**Constante**	**RI_i**	**$Risque_i$**	**$Capital_i$**	**$Taille_i$**	**$MV_{i,s}$**	**$MTBV_{i,s}$**	**$Turnover_{i,s}$**
	-0.273	-0.392	-0.152	-0.008	-0.056	0.177	0.022	0.024
BHAR (1, 6)	(-0.809)	(-0.611)	(-0.691)	(-0.210)	(0.835)	**(2.670)*****	**(2.076)****	(1.337)
	-0.020	-0.901	-0.330	-0.025	-0.075	0.213	0.009	0.048
BHAR (1,12)	(-0.027)	**(1.889)***	(-0.698)	(-0.254)	(0.522)	**(1.889)***	**(1.942)***	(1.230)
	-0.178	-1.484	-0.401	-0.049	-0.026	0.264	0.020	0.084
BHAR (1,18)	(-0.208)	**(2.029)****	(-0.721)	(-0.471)	(0.157)	**(1.975)****	**(1.897)***	(1.810)
	0.453	-1.809	-0.461	-0.101	-0.023	0.045	0.015	0.106
BHAR (1,24)	(0.729)	**1.897)***	(-1.140)	(-1.339)	(0.187)	**(1.673)***	(1.443)	(3.127)
	0.418	-1.072	-0.175	-0.103	-0.038	0.027	0.007	0.076
BHAR (1,30)	(0.916)	**(1.811)***	(-0.590)	(-1.856)	(0.428)	**(1.302)**	**(2.028)****	(3.075)
	-0.061	-0.057	-0.016	-0.003	-0.001	0.055	0.001	0.008
BHAR (1,36)	(-2.695)	**(1.960)***	(-1.122)	(-1.257)	(0.037)	**(1.980)****	(1.091)	(7.189)

Note : (***, **,*) : Significativité au seuil de, respectivement, 1%, 5% et 10%.

Nos résultats corroborent les études de Sentis (2001) sur le marché français, Miloud (2005) et Zaluki *et al.* (2006) sur le marché malaisien. Toutefois les travaux de recherche qui présentent une performance négative à long terme portent sur des opérations d'introduction en bourse (Ritter (1991) et Loughran et Ritter (1995)) sur le marché américain.

En un dernier lieu, les résultats de la régression vont à l'encontre de la théorie du signal et de l'agence. En effet plus la part détenue par les actionnaires d'origine est faible plus la performance à long terme est élevée.

Le chapitre suivant présente un examen des données empiriques concernant la performance opérationnelle des introductions en bourse.

Chapitre 4. Résultats, performance opérationnelle basée sur la méthode comptable

CE chapitre présente les résultats de l'analyse empirique de la performance opérationnelle basée sur la méthode comptable sur des IPOs en France. Il est divisé en deux sections. La première expose la méthodologie adoptée et les statistiques descriptives des firmes nouvellement cotées en bourse et la performance des entreprises de référence (non cotées). La deuxième section analyse l'évolution de la performance opérationnelle comptable, comprenant à la fois l'approche basée sur la comptabilité d'exercice ainsi que celle basée sur les flux de trésorerie, les sources de performance opérationnelle, les prévisions du marché et l'effet de levier. Enfin, un résumé global de la performance opérationnelle comptable est établi.

Section 1 : Méthodologie adoptée

1.1. Le modèle de la performance espérée

Cette étude a adopté un modèle de performance ajustée sur les entreprises de référence. Deux variables de test témoignent de la performance comptable pré-et post-cotation. La première étant la valeur brute des entreprises ayant opéré des IPOs avant et après l'IPO (AP1 et AP2). La deuxième variable de test est celle qui est ajustée aux benchmarks c'est-à-dire à la performance comptable brute de l'entreprise IPO minorée de la performance comptable de son entreprise de référence (AP1-AP3 et AP4-AP2).

Figure 4: Conception du calcul des variables ajustées pré- et post-IPO

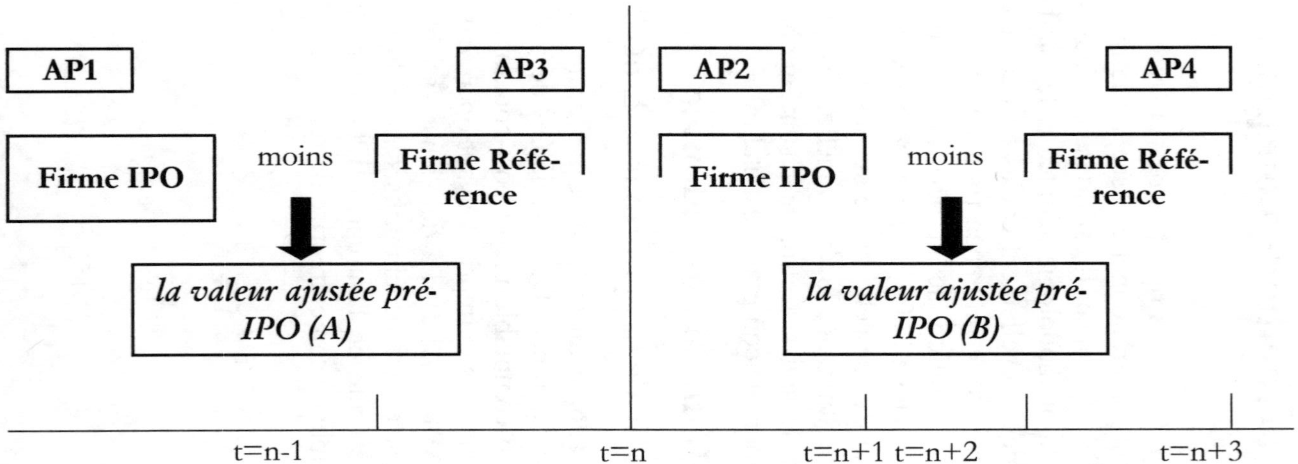

Comme l'illustre la figure 4, afin de dériver la valeur ajustée pré-IPO (A) ou la performance comptable anormale au cours de (n-1), la valeur de l'entreprise correspondante (AP3) à l'année (n-1) est soustraite de la valeur de l'IPO (AP1) à l'année (n-1). Dans la période post-IPO t (t = n, (n+1), (n+2) et (n+3), la valeur de l'entreprise adaptée (AP4) dans l'année t est soustraite de la valeur post-IPO (AP2) au cours de la même période t pour calculer la valeur ajustée post-IPO (B) à la période t. Afin de comparer les performances pré et post-cotation, la valeur ajustée post-IPO est comparée à la valeur ajustée pré-IPO pour déterminer si l'introduction en bourse a entraîné une performance comptable supérieure ou inférieure.

1.2. Les analyses menées et les statistiques utilisées

Deux types d'analyses ont été utilisés. Le premier consiste à tester le niveau de performance basée sur la comptabilité de l'année (n-1) à l'année (n+3). Le deuxième détermine le changement dans la performance comptable à partir de l'année qui précède l'IPO (de l'année (n-1) à n, de l'année (n-1) à (n+1), de l'année (n-1) à (n+2), et de l'année (n-1) à (n+3). Pour identifier les modifications qui ont éventuellement eu lieu, cette étude examine également le changement d'année en année à partir de (n-1) (de l'année (n-1) à n, de l'année n à (n+1), de l'année (n+1) à (n+2), et de l'année de (n+2) à (n+3). L'année (n- 1) est l'année fiscale avant celle de l'introduction en bourse, l'année n est l'année fiscal de l'introduction en bourse, l'année (n+1) est l'année fiscale après l'IPO, et ainsi de suite.

Alors que l'année n est définie comme l'année fiscale de l'introduction en bourse, la date de cette dernière variera au cours de la même année n. Ainsi, pour certaines entreprises, les résultats financiers de l'année n concernent principalement la période au cours de laquelle l'entreprise n'était pas encore cotée en bourse, alors que pour d'autres les résultats seront largement basés sur une période pendant laquelle l'entreprise est cotée. La même convention a été utilisée dans des études antérieures (par exemple, Teoh et al. 1998a). Ainsi, la performance un an après l'introduction en bourse est considérée comme celle d'une année «fiscale» depuis que l'entreprise est introduite en bourse.

La figure 4 illustre les conventions de calendriers utilisés dans cette étude dans des situations où l'année fiscale des entreprises ayant opéré une introduction en bourse est similaire à l'année civile. Pour chaque entreprise, l'année avant l'année fiscale est étiquetée comme année de l'événement (n-1). Les autres années sont également indexées par rapport à l'année d'introduction (année n). Cependant, toutes les entreprises ne possèdent pas une année fiscale qui coïncide avec la fin d'année. Plusieurs entreprises consolident leurs résultats financiers pour une période à échéance en avril, juin ou septembre, plutôt qu'en Décembre. Pour éviter toute confusion sur la convention de calendrier, la figure suivante illustre la ligne de temps dans une situation où l'année fiscale d'une entreprise introduite en bourse diffère de l'année civile.

1.3. Analyse du niveau de la performance comptable

Afin d'évaluer la performance comptable pré et post-IPO, tous les ratios sont calculés respectivement, chaque année à cinq dates différentes, c'est à dire à la fin de l'exercice antérieur à l'introduction en bourse (t = n- 1), l'année d'introduction (t = n) et trois exercices subséquents aux introductions en bourse (t = n+1, n+2 et n+3).

L'analyse portera sur le niveau médian des mesures de performance comptable au lieu du niveau moyen. Cette étude utilise la médiane comme mesure de la tendance centrale, car les mesures de performance comptables peuvent être asymétriques et la moyenne est particulièrement sensible aux valeurs aberrantes (Kaplan, 1989; Jain et Kini, 1994; Loughran et Ritter, 1997). Le test de *Wilcoxon* atteste significativement si les médianes sont différentes de zéro, alors que le test de *Student* est utilisé comme mesure de la valeur moyenne.

La statistique du test binomial mesure également si le pourcentage (p) des entreprises introduites en bourse qui surperforment leurs entreprises de référence, est différent de ce qui était prévu par hasard (soit 50%). La statistique de test z (supposée être distribuée normalement) est calculée comme suit:

$$z = (P_0 - 0.5) * (n / 0.25)^{0.5}$$

- P_0 *: le pourcentage de la performance positive.*
- *n : le nombre de firmes de l'échantillon.*

Les valeurs critiques z sont 2.575, 1.960, 1.645, et le niveau de 10%, en utilisant un test-t bilatéral.

1.4. Analyse de l'évolution de la performance comptable

La mesure de la performance comptable pour le dernier exercice avant l'année d'introduction en bourse (année n-1) est comparée à la mesure de la performance comptable au moment de l'introduction en bourse (année n), et ce, pour tous les trois premiers exercices après les introductions en bourse (année (n+1), (n+2), (n+3)), comme ce fut le cas dans des études antérieures (Jain et Kini, 1994; Mikkelson et al., 1997 et Kim *et al.*, 2004). Toutefois, ces comparaisons portent sur l'effet cumulatif d'une modification de la performance.

Pourtant, les investisseurs sont également intéressés par l'évolution du rendement d'exploitation lors de l'évaluation de la valeur des entreprises (Jain et Kini, 1994). Par conséquent, cette étude est amenée à l'examen des évolutions annuelles post-IPO et le test de *Wilcoxon* afin de tester si les évolutions moyennes des performances sont significativement différentes de zéro. Si l'on s'en réfère à la méthode utilisée par Jain et Kini (1994), la variation de la performance opérationnelle est mesurée comme la variation médiane (moyenne) en niveaux ou en valeurs absolues.

La présente étude utilise le modèle de variation plutôt que le modèle de pourcentage de variation. Une des raisons d'écarter le modèle de variation en pourcentage est le problème de dénominateur négatif, selon lequel les entreprises avec une mauvaise performance (valeur négative seront exclues du calcul du pourcentage de variation. Barber et Lyon (1996) précisent que si une valeur négative est incluse dans l'échantillon, « le résultat est absurde ». Mais retrancher les entreprises peu performantes réduirait la fiabilité des tests statistiques et pourrait conduire à des biais dans les statistiques de test.

Pour l'introduction en bourse, la variation ajustée des compagnies de référence est la différence entre variation de la performance comptable pour les entreprises introduites en bourse et celle de la société de référence non cotées. Encore une fois, l'évolution ou variation médiane (moyenne) de la performance ajustée des entreprises de référence est mesurée pour les années (n+1), (n+2) et (n+3) par rapport à l'année (n–1).

1.5. Sources de données

L'examen de la performance comptable adopte la même période que celle utilisée dans le troisième chapitre pour étudier la performance du marché boursier. La période d'échantillonnage choisie devrait permettre de se focaliser sur les introductions en bourse récentes tout en s'assurant de disposer de données suffisantes sur la performance comptable post-IPO.

La période de sélection IPO se termine en décembre 2011 afin d'obtenir l'assurance qu'à minima, les données de post-cotation de trois ans soient disponibles pour les entreprises de l'échantillon.

Le choix d'une période post-cotation de trois ans permet d'observer l'impact à long terme des introductions et de le rendre compatible avec la période utilisée pour examiner la performance à long terme du marché boursier. L'extension de la période d'étude au-delà des trois ans augmente la probabilité de survenance d'événements qui « brouillent » la relation entre l'introduction en bourse et la performance. La détermination d'une période supérieure à trois ans nécessite de mettre fin à la période de sélection IPO plus tôt, réduisant ainsi la pertinence des résultats, ou nécessite de limiter la taille de l'échantillon, ce qui réduit la fiabilité de l'étude.

Idéalement, il aurait été souhaitable de comparer le niveau et l'évolution de la performance de chaque entreprise IPO à partir des trois années précédant l'introduction en bourse. Néanmoins, le manque de données concernant deux et trois ans avant les introductions n'a pas autorisé cette comparaison. La plupart des données incomplètes sont des éléments du bilan et du flux de trésorerie. La base de données « Datastream » ne fournit pas ces données pour toutes les entreprises françaises. Ajoutons à cela qu'une inspection des prospectus d'introduction en bourse révèle que la plupart des entreprises ne déclarent pas leurs historiques de bilans consolidés.

En effet, lorsque notre échantillon fournit des comptes consolidés, des détails sur les actifs et passifs courants (sont nécessaires pour déterminer les mesures basées sur les flux de trésorerie) ne sont pas divulgués.

Une des raisons pour lesquelles les entreprises ne déclarent pas les comptes consolidés, est que les années fiscales des entreprises ne sont pas les mêmes que celles de leurs filiales. Généralement, ces entreprises acquièrent des filiales et les incluent dans la restructuration financière, en même temps que l'introduction en bourse. En outre, plusieurs entreprises ne disposent pas de chiffres comparatifs dans leurs premiers rapports annuels publics puisqu'elles ont été incorporées immédiatement avant les introductions en bourse. Ce sont des caractéristiques communes des IPOs en France.

Etant donné la difficulté à obtenir des données antérieures, il était nécessaire d'utiliser une période d'un an avant les introductions comme mesure pré-cotation de la performance comptable.

La performance de l'année de cotation, et de chaque année des trois ans post-IPO est comparée avec les performances pré-cotation, ainsi que les changements de performance d'année en année également mesurés et déclarés. Pour cette raison, des données de cinq ans sur chaque variable de substitution (pour chaque entreprise de l'échantillon et chaque entreprise correspondante) ont été recueillies dans le but d'examiner la performance opérationnelle pré et post-cotation en France.

Ainsi, cinq années de données devaient être disponibles pour chacune des entreprises de l'échantillon.

Divers sources fournissent les données. Auparavant, les comptes de résultat (le chiffre d'affaires, le bénéfice avant l'impôt, et le bénéfice par action) avant l'introduction se récoltaient à partir de la base de données Diane ou manuellement avec des prospectus. Les données ont ensuite été recoupées avec les premiers rapports annuels publiés de la société récemment listée dans la bourse, révélant des chiffres comparatifs pour l'année pré-cotation et l'année de l'introduction (immédiatement avant et après l'inscription). Si les prospectus ne sont pas disponibles, les données du compte de résultat pré-cotation seront recueillies à partir des premiers rapports annuels publiés.

Plusieurs données sur le bilan et le flux de trésorerie avant les introductions en bourse ont également été recueillies à partir des premiers rapports annuels publiés: (i) le total des actifs, (ii) les actifs actuels, (iii) la trésorerie et l'équivalent de trésorerie, (iv) les dettes actuelles, (v) les emprunts à court terme, (vi) les emprunts à long terme, (vii) le capital et les réserves; (viii) les flux de trésorerie générés par les opérations, et (ix) l'investissement dans l'actif. Les flux de trésorerie provenant des opérations pour chaque introduction en bourse et des entreprises de référence ont été calculés manuellement, comme dans le tableau 17. Les effets à payer, et la portion courante de la dette à long terme ont été exclus de la définition de l'évolution des fonds de roulement, car ceux-ci se rapportent plus aux activités de financement qu'aux opérations (Bowen *et al.*, 1986).

Tableau 18 : Le calcul du cash-flow opérationnel

Bénéfice avant-impôts : *Ajouter: Rajustements pour les postes ne comportant pas des mouvements de fonds (par exemple, la dépréciation, l'amortissement des actifs incorporels, les investissements amortis, dépenses différées, actifs incorporels amortis, (Gain) / perte sur cession des actifs fixes, les intérêts débiteurs / (revenu), provision pour créances douteuses, provision pour dépréciation de l'investissement)= Flux de trésorerie généré des opérations avant la variation du besoin en fonds de roulement. Ajouter: Diminution / (augmentation) des actifs à court terme (par exemple, les créances clients, stocks, charges payées d'avance et autres créances). Ajouter: (Diminution) / augmentation des passifs d'en courant (par exemple, les créanciers commerciaux, les intérêts courus et autres créanciers)= flux de trésorerie généré des opérations*

Les données post-IPO ont été recueillies auprès de sources différentes (y compris Datastream). Initialement, les données financière sont téléchargées à partir du Datastream pour chaque entreprise pour une période de quatre ans, c'est-à-dire à partir de l'année de l'IPO jusqu'à trois ans au delà. Les données financières ne sont pas disponibles à partir du Datastream concernant les sociétés non cotés, donc les données n'étaient disponibles qu'à partir de l'année de l'introduction (définie comme l'année n). Toutefois, la collecte de données initiales a révélé que la plupart des données comptables ne sont pas disponibles sur Datastream.

Toutefois, l'information financière disponible sur cette base de données s'arrête au 31 décembre 1996. Là où il n'existe pas de données disponibles, ou lorsque des données sont manquantes à partir du *Datastream*, le rapport annuel de la société a été obtenu à partir de l'une des deux sources. La première d'entre elles est le site AMF (autorité des marchés financiers). Les données financières restantes pour les entreprises d'introduction en bourse et les entreprises correspondantes ont été extraites de la base de données *diane* et des rapports annuels obtenus à partir du prospectus d'introduction.

La section suivante fournit une explication du processus de sélection de l'échantillon d'entreprises et de leurs repères d'introduction en bourse.

1.6. Echantillon de sélection

1.6.1. La sélection des entreprises IPO

Cette section décrit une procédure un peu similaire à celle décrite dans le chapitre 3 pour la sélection des entreprises et du benchmark. Il y avait 90 nouvelles entreprises introduites en bourse au cours de la période comprise entre le 01/01/1997 et le 31/12/2008.

Le Code du *Datastream* (DSCODE) pour les entreprises et leurs critères d'introduction en bourse doit être présent sur celui-ci afin de recueillir les données sur la performance opérationnelle. À l'instar des critères de sélection et de raisonnement discutés dans le chapitre 3, les entreprises qui appartiennent aux secteurs des hautes technologies sont retenues. L'exclusion de secteurs a réduit la population à 96 entreprises. Six autres entreprises ont été exclues. Comme elles ont été inscrites par le biais « introduction »; elles ont également fait une offre combinaison de la dette avec les capitaux propres. Elles ont donc été exclues afin d'éviter tout facteur de confusion sur l'émission de la dette. Cela a laissé 90 entreprises introduites en bourse disponibles pour l'analyse.

Le tableau 18 présente le processus de sélection en détail pour l'obtention de l'échantillon final, y compris la disponibilité des premiers rapports, des rapports annuels publics publiés subséquents, les dossiers des entreprises, et qui ne souffrent d'aucun changement dans l'année fiscale.

L'échantillon final comptait 90 entreprises ayant opéré des introductions en bourse et leurs 90 entreprises de référence n'ayant pas fait appel au marché sur toute la période d'étude

(Benchmark). Plus de la moitié des données ont été récoltées manuellement. En outre, les données de flux de trésorerie pour la période fiscale avant 1997 doivent être calculées individuellement pour chaque entreprise ainsi que leurs entreprises de référence. Bien que notre échantillon ne soit pas représentatif de la moitié des entreprises introduites en bourse, nous considérons qu'il est susceptible d'être représentatif.

1.6.2. Sélection des entreprises de référence

Un bon point de repère est nécessaire pour comparer la performance des entreprises IPO, afin de s'assurer que le changement de performance n'est pas une manifestation de caractéristiques intrinsèques des entreprises ou de facteurs spécifiques au secteur. Il y a deux repères possibles qui pourraient être adoptés afin de comparer la performance de chaque entreprise de l'échantillon: (i) la moyenne du secteur, ou (ii) une seule entreprise qui n'a pas opéré d'introduction en bourse, qui est dans le même secteur avec la même performance pré-cotation et qui est de la même taille.

Comme le montre le tableau supra (voir chapitre 2), Jain et Kini (1994), Cai et Wei (1997), Teoh *et al.* (1998a), Kutsuna et al. (2002), Khurshed *et al.* (2003), et Kim *et al.* (2004) ont adopté la « méthode de la moyenne du secteur » pour juger de la variation de la performance opérationnelle des entreprises qui se sont introduites en bourse. L'absence d'un nombre approprié d'entreprises disponibles dans un secteur particulier pour calculer la performance moyenne de celui-ci peut produire un biais dans le choix du point de repère (benchmark).

Cai et Wei (1997) et Mikkelson *et al.* (1997) utilisent la méthode des entreprises individuelles correspondantes comme une référence, en sélectionnant des entreprises correspondantes en taille de même qu'en secteur et qui ne sont pas cotées en bourse. Barber et Lyon (1996) soutiennent qu'établir la comparaison sur la base des performances pré-IPO pourrait contrôler l'évolution moyenne des revenus ainsi que d'autres ratios de performance opérationnelle à travers la période d'étude. Ils concluent que les tests qui ne comparent pas les performances opérationnelles pré-cotations peuvent induire en erreur si les entreprises qui ont opéré l'introduction en bourse ont des performances opérationnelles particulièrement bonnes ou particulièrement mauvaises. En d'autres termes, baser la comparaison sur la performance pré-cotation permet de contrôler l'histoire de la performance de l'entreprise qui a opéré l'IPO, et dans lequel les entreprises sont susceptibles d'émettre des actions lorsque leur performance est élevée. Par ailleurs, la performance opérationnelle peut être le résultat de la manipulation des chiffres et des changements comptables, ou d'événements exceptionnels et non récurrents.

Cela peut amener à conclure qu'il y a bien eu changement de performance, alors qu'en fait, celle-ci est simplement en train de revenir à la normale. Mikkelson *et al.* (1997) sélectionnent également leurs entreprises correspondantes sur la base de l'actif total afin de tenir en compte l'effet de la taille de l'entreprise, bien que d'autres variables puissent être utilisées, telles que le chiffre d'affaires ou la valeur marchande. Cette étude n'utilise pas la méthode de la performance moyenne du secteur puisque les mesures de la performance opérationnelle pour chaque secteur n'étaient pas disponibles. De plus, le petit nombre d'entreprises dans certains secteurs en France peut introduire un biais dans le calcul de la performance moyenne. Dans ce cas, nous avons adopté l'approche suivante. Une entreprise correspondante du même secteur et avec une performance opérationnelle pré-cotation similaire (pour contrôler l'évolution de la performance de l'entreprise avant l'introduction), et un actif total similaire (pour contrôler les effets de taille) sont utilisés dans cette étude. Comme l'ont soutenu Perry et William (1994), les entreprises du même secteur d'activité, avec la même performance pré-cotation et de taille similaire, ont les mêmes facteurs économiques et concurrentiels, et donc les mêmes ensembles d'opportunités d'exploitation, d'investissement et de financement.

Dans le cadre de notre analyse, les entreprises dans l'échantillon de contrôle ont été mises en correspondance individuellement à des entreprises de l'échantillon IPO sur la base des trois critères ci-dessus. Le processus de correspondance commence avec un groupe d'entreprises correspondantes potentielles qui n'étaient pas impliquées dans une introduction en bourse dans les trois années précédentes, en ligne avec les études antérieures examinant la performance comptable (Jain et Kini, 1994; Loughran et Ritter, 1997). Les entreprises ont été mises en correspondance par secteur, puis par la performance pré-cotation et l'actif total. Le sous-secteur de Datastream du troisième niveau est exploité au classement de l'industrie des hautes technologies pour toutes les entreprises. La correspondance des performances pré-cotation est basée sur le ratio de taux de marge économique (soit l'excédent brut d'exploitation sur le chiffre d'affaires). Dans cet examen initial, l'entreprise de référence doit monter des performances opérationnelles pré-cotation qui est de 90% sur 110% des entreprises IPO, et un actif total qui est de 70% sur 130% de l'actif total des entreprises d'introduction en bourse de l'année (n-1). Si une entreprise de référence n'a pu être trouvée sur la base de tous les trois mesures, le critère de taille a été assouplie et la correspondance a été basée sur le secteur et la performance pré-IPO. Le défaut de correspondance conduit à l'assouplissement des critères de la performance pré-IPO, et la correspondance a été seulement fondée sur l'industrie. Cependant, il y a certains groupes de secteurs, tels que « la technologie médicale », qui ne possèdent pas assez d'entreprises correspondantes. Dans ce cas, les entreprises qui ont opéré une introduction en bourse ont été mises en correspondance sur la base de la performance pré-cotation et l'actif total, indépendamment de l'industrie. Enfin, un petit nombre d'entreprises ont été par la performance pré-IPO indépendamment du secteur et de l'actif total. Sur les 90 entreprises utilisables pour l'analyse des performances comptables, 26 ont été appariées sur la base de secteur, la performance pré-IPO, et l'actif total, 54 ont été appariées sur la base du secteur et la performance pré-IPO, alors que 10 ont été appariées sur la base du secteur seulement.

1.6.3. Statistiques descriptives

1.6.3.1. Statistiques descriptives des IPOs et la performance des entreprises de référence

Le tableau infra présente les statistiques descriptives pour 90 introductions en bourse et 90 entreprises de référence. L'information est la pré-introduction, avec une valeur de marché évaluée à la date de flottation; les données des valeurs de marché étaient inaccessibles pour 4 sociétés introduites en bourse. Les statistiques descriptives indiquent le taux de marge économique qui est le rapport de l'excédent brut d'exploitation avant impôt et taxe, et dotation aux amortissements médians (moyens) sur le chiffre d'affaires médian (EBITDA / CA) pour l'échantillon des introductions en bourse et les entreprises de référence est de 9.53% (11.18%) et 8,56% (10,23%), respectivement. Celles-ci devraient être similaires puisque les compagnies introduites ont été appariées principalement selon ce rapport.

Bien que la différence entre les médianes ne soit pas statistiquement significative, on voit bien que la différence entre les moyennes l'est au niveau de 5%. Il y a une grande variation dans cette marge d'exploitation ; les entreprises introduites en bourse se situent entre -1,69 et + 2,32 et les sociétés de référence entre - 2,2 et + 2,12. Les coefficients d'asymétrie et d'aplatissement affichent une queue épaisse positive avec plus de regroupement central pour les entreprises d'introduction en bourse. Les valeurs absolues du bénéfice d'exploitation avant impôts, le total des ventes, le total des actifs, des capitaux propres et les réserves, la valeur de marché, et la dette totale soulignent certaines différences entre les entreprises cotées et les entreprises de référence.

Il existe des différences significatives dans les valeurs médianes et moyennes au niveau de 1%. Par exemple, la médiane (moyenne) des ventes totales pour les entreprises IPO est de 6 900 millions (304 600 millions d'euros) par rapport à 49 523 millions (15 335 333 millons) pour les entreprises de référence. La différence s'explique en partie fonction du procédé utilisé dans la taille de référence, puisque les entreprises introduites en bourses étaient en général appariées avec la grande entreprise la plus proche non introduite en bourse, même si une gamme de taille entre 70% et 130% de l'IPO a été utilisée. Des observations similaires ont lieu pour les autres mesures de taille. La valeur de marché la plus élevée de 10 669 millions d'euros pour les entreprises IPO est observée pour la société SANOFI tandis que la valeur du marché plus faible de 2,79 est observée pour la société ACHETER-LOUER. Alors que la dette totale des entreprises introduites est également plus faible que pour les entreprises de référence, les niveaux d'endettement sont nettement supérieurs au seuil de 1 % (10 %) pour les médianes (moyennes).

Tableau 19 : Statistiques descriptives des 90 IPOs et 90 firmes de référence

		Moyenne	*Médiane*	*Std Déviation*	*kurtosis*	*Skewness*	*min*	*max*	*n*
EBITDA/CA (-1)	*IPO*	0,11	0,1	1	9,38	0,84	-2	2	90
	Contrôle	0,1	0,09	1	5,89	0,78	-2	2	90
EBITDA	*IPO*	25467,38	557,5	132207	48,21	6,79	-10627	963000	90
	Contrôle	120360,6	1560	863039	58,96	7,68	-11117	6636000	90
CA	*IPO*	304599,5	6900	1E+06	14,51	3,93	909	5198511	90
	Contrôle	501433,5	54323.21	1E+06	23,51	5.25	1201	0	90
TA	*IPO*	318748,7	5960	1E+06	24,1	4,81	532	7134614	90
	Contrôle	1242182	465054	3E+06	53,25	5.23	925	0	90
Capitalisation boursière	*IPO*	283,32	31,36	1317	60,32	7,64	150	10668	90
	Contrôle	685,45	56,45	1698	80,44	4.25	385	30458	90
Total Dettes	*IPO*	10588,19	-305,5	63895	27,8	4,89	-93000	381123	90
	Contrôle	40488	562,45	25632	13,25	2,25	-543366	520025	90

EBITDA : Le revenu avant intérêt, impôt, dotations aux amortissements et provisions.
CA : Chiffre d'affaires.TA : Total Actif.

Section 2: Evolution de la performance opérationnelle comptable

2.1. L'approche de la performance opérationnelle basée sur les données comptables

Pour mesurer l'effet de l'introduction sur la performance opérationnelle des entreprises cotées, nous avons choisi comme variables de résultat, la rentabilité économique et la rentabilité de l'actif. Nous évaluons aussi l'effet de l'introduction sur le taux de marge économique, le rendement des capitaux propres et le bénéfice par action.

Avant d'étudier l'évolution de la performance opérationnelle des introductions en bourse en France, il est utile de prendre en considération le niveau de la performance opérationnelle des sociétés introduites et leurs sociétés de référence respectives au cours du temps et ce, avant, au cours, et après leur introduction en bourse. L'analyse du niveau de performance est réalisée afin d'identifier les différences entre les entreprises introduites et les entreprises de référence au long des années (n-1), n, (n+1), (n+2), et (n+3). Tout comme Jain et Kini (1994), Mikkelson *et al.* (1997) et Kim *et al.* (2004), l'analyse est centrée sur la performance médiane en raison des tendances du ratio comptable à avoir des valeurs aberrantes dans les données.

Avant de passer à l'étude de l'effet moyen des entreprises cotées sur les entreprises contrôle, nous exposons, pour les deux indicateurs la rentabilité économique et le taux marge économique, les résultats descriptifs sur une période de 5 ans. Le tableau 20 présente les analyses de résultats (moyenne et médiane) du niveau de la rentabilité économique en calculant le rapport des résultats d'exploitation par les actifs (EBITDA/TA) d'une part (Panel A), et par le chiffre d'affaires (EBITDA/ CA) d'autre part pour le calcul du taux de marge économique (Panel B). L'utilisation des ratios nous autorise à comparer la performance dans le temps et dans l'espace.

Les niveaux des médianes et des moyennes de la rentabilité économique des sociétés introduites sont plus élevés et significativement différents au niveau de 1% à celui de leurs entreprises de référence pendant l'année précédant l'introduction en bourse et celle après introduction. Mais seule la rentabilité économique moyenne des entreprises introduites surperforme celle des entreprises de référence de manière significative au niveau de 5% pendant l'année immédiatement après l'introduction en bourse. Alors que les entreprises introduites en bourse perdurent à sur-performer les entreprises de référence pendant l'année (n+2), les deux niveaux des médianes et des moyennes ne sont pas significativement différents. Toutefois, les entreprises introduites sont moins performantes que les entreprises de référence dans la troisième année suivant les introductions en bourse au niveau de 1%. Ces résultats sont confirmés par un pourcentage positif significatif avec plus (ou moins) de 50 % observés pendant les années (n-1) et n et l'année (n+3).

Tableau 20 : L'évolution médiane, moyenne du ratio de la rentabilité, taux de marge économique

	Médiane		différence	Moyenne		différence	IPO-Contrôle		
Année fiscale	IPO	Contrôle	z stat	IPO	Contrôle	z stat	%Positif	z-stat	N
Panel A : EBITDA/TA									
Année n -1	13,12%	8,20%	6,08***	14,93%	12,30%	5,05***	70,08	0,95	90
année n	13,77%	8,40%	7,02***	18,85%	11,80%	4,99***	72,83	1,08	90
année n+1	10,29%	7,92%	1,53	14,59%	9,12%	2,3**	53,15	0,15	90
année n+2	10,25%	7,84%	0,13	14,42%	8,15%	0,9	49,61	-0,02	90
année n+3	8,93%	7,62%	-3,45	9,48%	8,09%	-2,71	40,16	-0,47	90
Panel B : EBITDA/CA									
année n-1	9,26%	6,60%	0,83	1,68%	9,26%	2,18**	50,39	0,02	90
année n	10,66%	4,90%	4,32***	2,47%	10,66%	0,12	59,84	0,47	90
année n+1	6,74%	2,80%	-0,61	-22,06%	6,74%	0,7	45,67	-0,21	90
année n+2	8,86%	3,25%	-1,16	6,06%	8,86%	0,85	44,88	-0,24	90
année n+3	7,84%	1,75%	-3,45***	-11,56%	7,84%	-0,89	38,98	-0,52	90

Le tableau présente pour chaque indicateur de performance : la moyenne et la médiane pour l'échantillon IPO et l'échantillon de contrôle. L'horizon temporel est (n-1, n+3), n étant l'année de la première cotation en bourse. Un z-test de différence de moyenne et médianes pour estimer la significativité de la différence entre les deux échantillons appariés.

Note : (***, **,*) : Significativité au seuil de, respectivement, 1%, 5% et 10%.

Rentabilité économique=excédent brut d'exploitation / actifs total, taux de marge économique= excédent brut d'exploitation/ chiffre d'affaires.

En accord avec les résultats rapportés pour les mesures de la rentabilité économique, la médiane du ratio du taux de marge économique (EBITDA /CA) est également plus élevée pour les entreprises introduites en bourse par rapport à leurs entreprises de référence pour l'année (n-1) et l'année n. Cependant, seule la performance de l'année n est sensiblement différente au niveau de 1%. Ce résultat est confirmé par un pourcentage positifs ajustés du ratio (EBITDA / CA) de 60% pour l'année n.

Suite à l'année n, les entreprises de référence semblent dominer les entreprises introduites, mais les deux groupes montrent une baisse de la performance de l'année (n-1) à l'année (n+3) ; mais seulement l'année (n+3) indique une sous-performance significative des introductions en bourse. Le pourcentage positif ajusté (EBITDA / CA) à l'année (n+3) n'est que de 39 %, significativement différent de 50%.

Par comparaison avec les études antérieures, les résultats concernant le rendement d'exploitation des actifs totaux sont présentés dans l'annexe (CF Panel A du tableau 21) Les résultats sont qualitativement similaires à ceux rapportés pour la rentabilité des actifs.

Le tableau 22 affiche les évolutions de la médiane et de la moyenne du ratio de la rentabilité économique (EBITDA/ TA). Nous avons présenté dans le panel A les résultats des évolutions avant et après les introductions, tandis que le panel B offre les résultats année par année. Les graphiques suivants illustrent ce déclin de la rentabilité économique sur toute la période d'étude.

Le panel A signale que toutes les valeurs des médianes du ratio (EBITDA/ TA) ont baissé par rapport à leurs niveaux avant introduction et sont tous significativement différents de zéro à un niveau de 1%. Les résultats sont cohérents avec les études américaines menées par Jain et Kini (1994) spécifiant une baisse de 9,09 % du rendement des actifs trois ans après l'introduction en bourse, ainsi que par Kim *et al.* (2004).

Le nombre des entreprises de référence présentant un profil similaire d'une sous-performance significative pour les quatre années, reflète l'ensemble des firmes appartenant au secteur technologique.

Le contrôle des résultats ajustés pour les entreprises de référence pour de tels facteurs rapporte une baisse et montre un déclin tout au long de la fenêtre examinée à l'exception de la différence par rapport à l'année n. Les évolutions de la médiane ajustée à celle des sociétés de référence varient de -0.01 à -0.05 et restent toutes statistiquement significatives, ce qui indique que les entreprises introduites enregistrent un taux de déclin plus élevé que leurs entreprises de référence.

Cela montre que la baisse du ratio (EBITDA/ TA) après l'introduction n'est pas simplement un effet de l'industrie, mais un réflexe de retour à la moyenne ou de taille relative.

Tableau 21 : L'évolution de la médiane et la moyenne de la rentabilité économique EBITDA/TA

	médiane	*moyenne*	*médiane*	*moyenne*	*médiane*	*moyenne*	*médiane*	*moyenne*
Panel A Evolution pré et post IPO	*Année -1 à 0*		*Année -1 à 1*		*Année -1 à 2*		*Année -1 à 3*	
Firmes IPO	0,00%*	3,79%*	0,00%*	-0,33%*	-0,10%*	-0,49%*	-1,96%*	-5,27%*
p-value	0,001	0,028	0,001	0,042	0,005	0,004	0,000	0,000
Firmes Contrôle	0,20%	-0,50%	-0,28%	-3,18%	-0,36%	-4,15%	-0,58%	-4,21%
p-value	0,239	0,155	0,784	0,543	0,064	0,077	0,075	0,193
Ajusté à la référence	5,62%*	10,66%	2,29%*	6,16%	2,73%	5,99%	0,95%*	1,15%*
p-value	0,070	0,351	0,030	0,202	0,147	0,269	0,033	0,054
Panel B Evolution d'une année à une autre	*Année -1 à 0*		*Année 0 à 1*		*Année 1 à 2*		*Année 2 à 3*	
Firme IPO	0,00%*	3,79%*	-1,62%	-4,13%	0,00%	-0,16%	-1,24%	-4,78%
p-value	0,001	0,028	0,978	0,855	0,845	0,489	0,151	0,267
Firme Contrôle	0,20%	-0,50%	-0,48%	-2,68%	-0,08%	-0,97%	-0,22%	-0,06%
p-value	0,239	0,155	0,289	0,372	0,151	0,155	0,465	0,670
Ajusté à la référence	1,47%*	5,92%	-1,51%	2,30%	1,13%	4,82%	0,78%	1,02%
p-value	0,070	0,351	0,315	0,723	0,372	0,792	0,102	0,270

Note : (***, **,*) : Significativité au seuil de, respectivement, 1%, 5% et 10%.

Les changements d'année en année des ratios (EBITDA/ TA) figurant dans la partie B soulignent également des baisses significatives de la performance avec un léger ralentissement du taux de déclin. Après le contrôle des entreprises de référence dans un secteur similaire, la performance avant introduction et la taille, les évolutions dans les ratios (EBITDA/ TA) exposent encore des baisses significatives à l'exception de la variation de l'année n-1 à l'année n.

Ainsi, il est clair que les firmes technologiques nouvellement introduites en bourse abordent une détérioration des rentabilités économiques pour les trois années post-introduction. Contrairement aux attentes, cette étude n'a pas affiché une forte baisse du ratio (EBITDA/ TA) de l'année (n-1) à l'année n, mais cela a été observé de l'année n à l'année (n+1). La valeur médiane des différences confirme ces résultats.

Figure 5 : Rentabilité économique comparée (Moyenne)

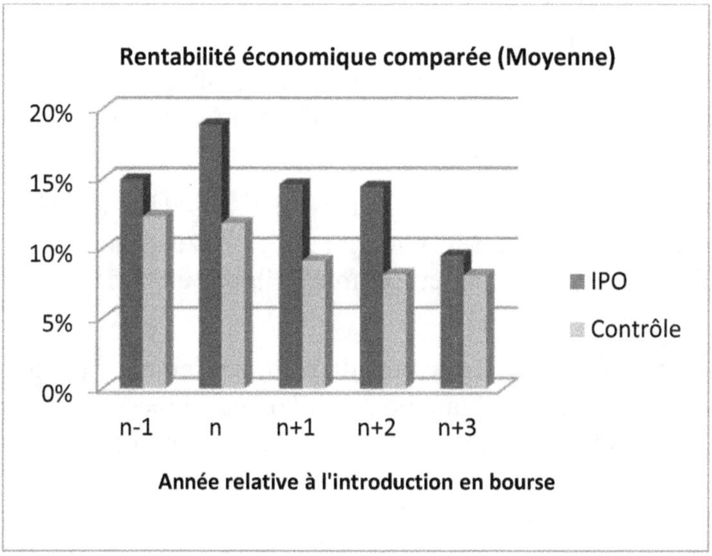

Figure 6 : Rentabilité économique comparée (Médiane)

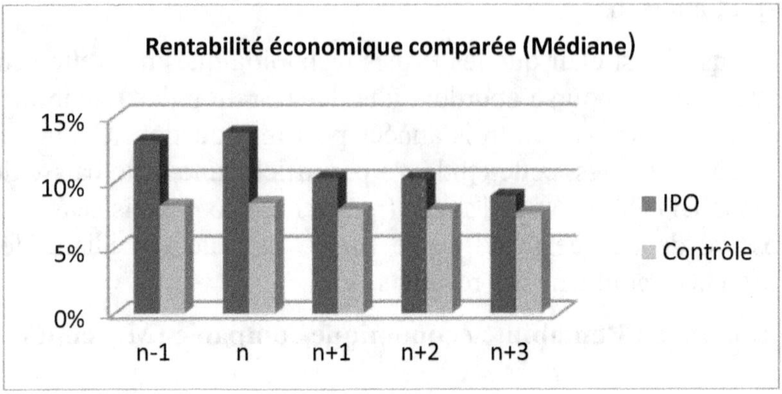

On peut en conclure que la rentabilité économique des firmes nouvellement introduites en bourse se détériore après leur introduction en bourse.

Ces résultats corroborent les études réalisées dans le même cadre telles que celle de Mc Laughlin, R., G. Vasdevan *et al.*, Saffieddine (1996), Rahman et Limmack (2004) et Yenet André (2007).

Pour tester la robustesse des résultats, le rendement d'exploitation des actifs totaux a également fait l'objet de mesures et les résultats, présentés en annexe (tableau 22) admettent des tendances similaires.

Tableau 22 : L'évolution médiane et moyenne du taux de marge économique EBITDA/CA

	médiane	*moyenne*	*médiane*	*moyenne*	*médiane*	*moyenne*	*médiane*	*moyenne*
A : Evolution pré et post IPO	***Année -1 à 0***		***Année -1 à 1***		***Année -1 à 2***		***Année -1 à 3***	
Firmes IPO	0,24%*	0,78%	-0,61%*	-23,74%	0,33%*	4,38%*	0,34%*	-13,2%*
p-value	0,000	0,138	0,000	0,013	0,001	0,000	0,000	0,004
Firmes Contrôle	-4,09%*	2,10%	-6,47%*	1,35%*	-6,59%*	1,23%**	-7,50%*	1,12%**
p-value	0,000	0,448	0,000	0,003	0,000	0,024	0,000	0,148
Ajusté à la firme de contrôle	-2,12%*	-10,31%*	-6,04%*	-34,84%**	-3,92%*	-6,71%*	-4,94%*	-24,33%*
	0,000	0,094	0,000	0,113	0,000	0,027	0,000	0,089
B : Evolution d'une année à une autre	***Année -1 à 0***		***Année 0 à 1***		***Année 1 à 2***		***Année 2 à 3***	
Firme IPO	0,24%*	0,78%*	-0,36%*	-24,52%*	0,22%*	28,12%*	-0,04%*	-17,62%**
p-value	0,000	0,000	0,000	0,000	0,000	0,000	0,000	0.450
Firme Contrôle	-4,09%*	4,64%*	2,05%*	-0,75%*	-0,12%*	-0,12%*	-0,91%	-0,11%
p-value	0,000	0,004	0,000	0,009	0,002	0,951	0,687	0,759
Ajusté à la firme de contrôle	-0,042*	-12,41%*	-8,13%*	-36,93%	-5,27%**	-8,06%	-6,17%*	-25,57%
	0,000	0,094	0,002	0,890	0,118	0,235	0,001	0,788

Note : (***, **,*) : Significativité au seuil de, respectivement, 1%, 5% et 10%.

Les résultats de l'évolution de la mesure baissière la moins biaisée (EBITDA / CA) sont indiquées dans le tableau 23.

Figure 7 : L'évolution taux de marge économique comparé (moyenne)

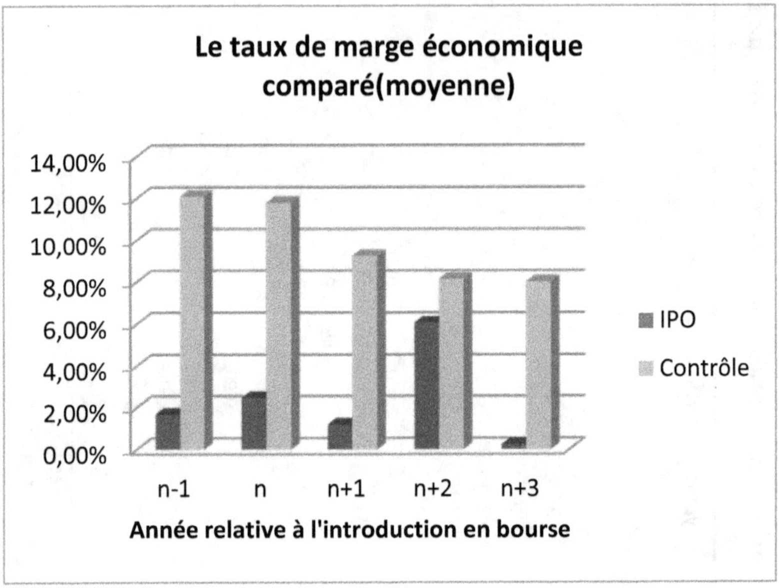

Figure 8 : Le taux de marge économique comparé (médiane)

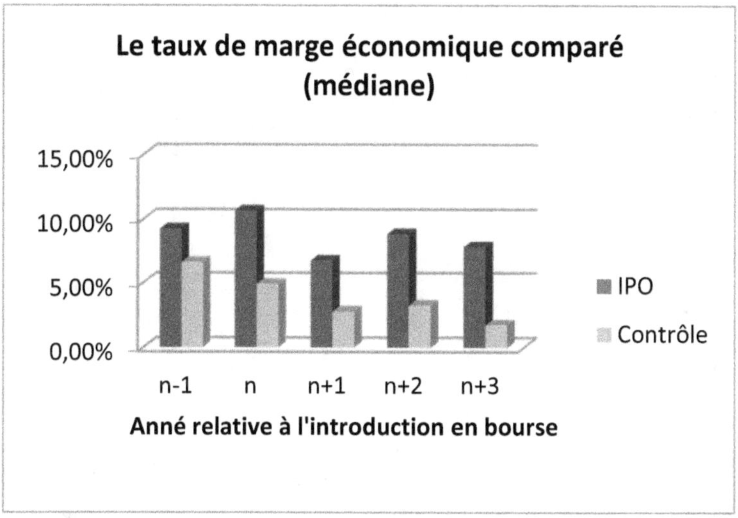

Comme observable au Panel A, une légère amélioration de la performance réside dans l'année n par rapport à l'année (n-1) pour les entreprises introduites en bourse (IPO). Toutefois, cette amélioration n'est pas statistiquement significative. À la suite de l'introduction en bourse, il est à noter une baisse significative des performances pour le ratio du taux de marge économique à la fois pour les entreprises introduites en bourse et pour les entreprises de référence.

Les évolutions annuelles figurant dans le Groupe B indiquent que les médianes du ratio taux de marge économique des entreprises introduites atteignent leur maximum pendant l'année d'introduction, puis baissent après l'introduction en bourse. Conformément aux résultats du ratio de la rentabilité économique la plus forte baisse se produit dans l'année qui suit immédiatement l'introduction en bourse (de l'année n à l'année (n+ 1).

Tableau 23 : L'évolution de la médiane et la moyenne du rendement des capitaux propres

	médiane	*moyenne*	*médiane*	*moyenne*	*médiane*	*moyenne*	*médiane*	*moyenne*
A : pré et post IPO	***Année -1 à 0***		***Année -1 à 1***		***Année -1 à 2***		***Année -1 à 3***	
Firmes IPO	1,55*	8,34	0,77*	-5,75*	-3,50*	-5,97*	-5,90*	-11,09*
p-value	0,000	0,138	0,000	0,013	0,000	0,001	0,000	0,004
Firmes Contrôle	2,830*	10,50*	-0,35*	-2,30*	-2,60*	-4,23*	-4,42*	-7,31
p-value	0,000	0,458	0,000	0,003	0,000	0,025	0,000	0,125
Ajusté à la référence	9,22*	6,32*	-2,30*	3,25**	3,79*	-4,25*	1,97*	-8,32*
p-value	0,000	0,098	0,000	0,123	0,000	0,027	0,000	0,089
B : Evolution d'une année à une autre	***Année -1 à 0***		***Année 0 à 1***		***Année 1 à 2***		***Année 2 à 3***	
Firme IPO	1,55*	8,34	-3,88*	-14,09*	-2,28*	-0,21*	-1,17*	-5,12
p-value	0,000	0,138	0,000	0,000	0,000	0,026	0,000	0,515
Firme Contrôle	2,83*	10,50	-3,18*	-4,53*	-2,25*	-2,37	-1,82	-4,15
p-value	0,000	0,458	0,000	0,009	0,002	0,985	0,658	0,259
Ajusté à la référence	2,830*	8,34*	-2,30*	-3,31	9,54	-0,12	13,06*	-3,95
p-value	0,000	0,098	0,002	0,890	0,152	0,236	0,001	0,258

Note : (***, **,*) : Significativité au seuil de, respectivement, 1%, 5% et 10%.

Pour confirmer la baisse des mesures comptables, les résultats des évolutions du rendement des capitaux propres ou rentabilité financière (ROE) et le bénéfice par action (BPA) sont également fournis respectivement dans les tableaux 23 et 24.

Le tableau 24 montre que la rentabilité financière a baissé plus brutalement de son niveau avant introduction comparé aux ratios (OCF / TA) et (EBITDA/ TA). La plus grande chute se produit de l'année n à n-1. Les résultats sont comme prévu parce que les entreprises introduites en bourse viennent d'augmenter des fonds propres, mais le rendement des actifs supplémentaires n'a pas d'incidence sur le rendement d'exploitation.

Les évolutions annuelles sont signalées dans le Groupe B afin de voir si la rentabilité des capitaux propres baisse chaque année après l'introduction. Le tableau a également révélé une baisse significatives de la médiane ajustée mais les niveaux de baisse sont inférieurs à l'année (n+ 1) (n+2) (n+3) et que celle observée au cours de l'année n.

Résumant les résultats du tableau 25, il est clair que la rentabilité des capitaux propres des entreprises introduites en bourse se détériore au fil du temps.

Tableau 24 : L'évolution de la médiane et la moyenne des bénéfices par action

	médiane	*moyenne*	*médiane*	*moyenne*	*médiane*	*moyenne*	*médiane*	*moyenne*
A : Evolution pré et post IPO	***Année -1 à 0***		***Année -1 à 1***		***Année -1 à 2***		***Année -1 à 3***	
Firmes IPO	0,00%*	-9,50%	0,00%*	-11,90%	0,00%*	-14,70%	0,00%*	-9,40%*
p-value	0,000	0,322	0,000	0,325	0,000	0,326	0,000	0,328
Firmes Contrôle	-4,0%	-12,8%	-15,5%*	-14,5%*	-13,0%*	-8,4%*	0,0%*	0,0%*
p-value	0,087	0,214	0,003	0,001	0,000	0,000	0,003	0,001
Ajusté à la référence	-30,70%*	-11,00%	43,90%*	-16,20%	-52,70%*	-41,70%	-10,90%*	0,00%
p-value	0,000	0,321	0,000	0,323	0,000	0,323	0,000	0,325
B : Evolution par année	***Année -1 à 0***		***Année 0 à 1***		***Année 1 à 2***		***Année 2 à 3***	
Firme IPO	0,00%*	-9,50%	0,00%*	-2,40%*	0,00%	-2,80%	0,00%*	5,30%*
p-value	0,00	0,32	0,00	0,00	0,31	0,24	0,00	0,00
Firme Contrôle	29,00%*	-10,40%	27,00%	-2,40%	15,50%	-1,70%	18,00%	6,20%
p-value	0,087	0,214	0,213	0,045	0,221	0,756	0,242	0,515
Ajusté à la référence	-30,70%*	-11,00%	-23,30%*	-3,00%	-39,90%	-3,40%	-27,20%*	-27,20%*
p-value	0,000	0,321	0,000	0,165	0,663	0,543	0,005	0,006

Note : (***, **,*) : Significativité au seuil de, respectivement, 1%, 5% et 10%.

Parallèlement à la rentabilité financière, le Panel A du tableau 26 met en exergue que les deux médianes du Bénéfice par action pour les entreprises introduites en bourse et les entreprises de référence diminuent de manière significative à un niveau de 1% après l'introduction.

La médiane ajustée du ratio BPA affiche une tendance similaire à la baisse des performances. De ce tableau, on peut également observer que la baisse de la performance des sociétés introduites en bourse est plus élevée que celle des entreprises de référence. Les évolutions annuelles signalées dans le panel B détermine que la plus forte baisse du bénéfice par action se produit au cours de l'année d'introduction. L'origine de cette baisse est due à l'augmentation du nombre d'actions en circulation durant l'année de référence.

Ainsi, il est évident que la performance opérationnelle des entreprises introduites en bourse est plus élevée avant l'entrée, mais diminue par la suite, avec une légère amélioration de la marge opérationnelle au cours de l'année d'introduction (de l'année - 1 à l'année 0).

Ceci suggère que les entreprises introduites en bourse peuvent faire coïncider leur introductions avec des pics de performances et / ou ont la possibilité d'augmenter leurs actifs plus rapidement que les ventes. Il est également évident que les firmes introduites en bourse sous-performent les sociétés de référence pendant l'année suivant l'entrée. Ceci est cohérent avec les études empiriques antérieures (Jain et Kini 1994, Khurshed *et al.* 2003; Kim *et al.*, 2004) qui exposent une détérioration de la performance opérationnelle comptable après l'introduction.

Ainsi, le chapitre suivant présente les résultats des tests en utilisant l'approche de la performance opérationnelle fondée sur les flux de trésorerie.

2.2. L'approche de la performance opérationnelle basée sur les flux trésorerie

En exergue de l'enquête sur la performance comptable, cette étude examine également les mesures basées sur les flux monétaires afin d'évaluer la robustesse des résultats. Cela peut également indiquer si la détérioration de la performance dans la période post-introduction est due à une véritable érosion de la performance opérationnelle ou une reprise sur provisions pré-événement. Comme dans la section précédente, l'analyse du niveau de la performance opérationnelle pour les entreprises introduites en bourse et les entreprises de référence est fournie en premier lieu.

Le Groupe A du tableau 27 présente la médiane et la moyenne du ratio cash flow brut (CF/AT) pour l'année qui précède l'introduction en bourse (année n-1), pour l'année d'introduction (année 0) et les trois années post-introduction en bourse (année n+1, année (n+2) et année (n+3) pour les entreprises d'introduction en bourse ainsi que pour leurs sociétés de référence).

Les entreprises introduites surclassent légèrement leurs entreprises de référence avant les introductions en bourse, mais ont tendance à les sous-performer après les introductions, à l'exception de l'année (n+2).

Cependant, nous constatons que, et uniquement pour l'année (n+3), le niveau de la médiane du ratio (CF/TA) des entreprises introduites diffèrent légèrement (au niveau de 10%) de celui de leurs entreprises de référence.

Cela implique que les modèles de performance pour les deux types de sociétés (introduites en bourse et de référence) sont similaires à chaque année, à l'exception de la troisième année après les introductions en bourse. Bien que les résultats basés sur les moyennes montrent que les entreprises introduites dominent les entreprises de référence pour les années (n-1), n, (n+1), (n+2) mais pour l'année (n+3) elles sous-performent légèrement les entreprises de référence. Ceci est confirmé par le pourcentage positif du cash flow brut de la performance ajustée qui n'est pas significativement différent de 50% en aucune des cinq années.

Les résultats sont apparemment incompatibles avec ceux de Cai et Wei (1997), qui ont constaté que les entreprises japonaises introduites surclassent significativement leurs références pour toutes les années d'étude. Cependant, les résultats sont cohérents avec ceux de Cai et Wei en utilisant des firmes de référence pour comparer les ratios.

Les résultats du rendement des flux de trésorerie d'exploitation sur l'actif total sont également signalés dans l'annexe (partie B du tableau supra). Ceux-ci sont qualitativement similaires aux résultats basés sur le ratio (OCF / OA).

En comparant les résultats entre les niveaux de profit comptable (EBITDA /TA) présentés dans le tableau supra et ceux basés sur le cash-flow (OCF /TA) dans le tableau supra, l'étude a révélé que les entreprises introduites en bourse sont plus performantes, que celles de référence, lorsqu'on se base sur la mesure du profit comptable pendant l'année qui précède l'introduction.

Les entreprises introduites se sont également avérées moins performantes en se basant sur la mesure comptable qu'en se basant sur la mesure des cash-flows pendant l'année +3.

Lors du deuxième chapitre 2, nous avons noté que la performance comptable basée sur les actifs pourrait se traduire par un biais à la baisse après l'introduction, en raison de la forte augmentation de la valeur comptable des actifs sans augmentation immédiate des flux de trésorerie d'exploitation. Par conséquent, les résultats du rendement des flux de trésorerie d'exploitation sur chiffre d'affaires (OCF/ CA) sont également rapportés dans la partie B du tableau supra.

Contrairement aux résultats basés sur le ratio (OCF / TA), les résultats pour le ratio (OCF / CA) sont tous négatifs, ce qui indique que les entreprises introduites sont moins performantes que les entreprises de référence aussi bien avant qu'après introduction.

Les différences de performance sont statistiquement significatives à un niveau de 1% pour l'année 0 et +3, à un niveau de 5% pour l'année 1, et à un niveau de 10% pour l'année + 1. Le pourcentage positif est significativement différent de 50% pour les années 0, +1 et +3.

Sur la base des résultats figurant dans la partie A et B du tableau supra, il existe les preuves d'une sous-performance des sociétés introduites en bourse en France par rapport aux entreprises de référence dans le même secteur.

L'impact des valeurs aberrantes est illustré dans les résultats basés sur la performance moyenne, où aucune tendance claire ou significativité n'apparaissent. Encore une fois, en comparant les mesures basées sur la méthode comptable (EBITDA / CA) indiquée dans le tableau supra et celles basées sur les flux de trésorerie (OCF/ CA) présentées dans le tableau suivant, les résultats confirme que la mesure comptable affiche une surperformance non significative dans la période pré-introduction par rapport à la mesure basée sur les flux de trésorerie. De même, une sous-performance plus significative est observée en se basant sur la mesure comptable au cours de troisième année suivant l'introduction.

Tableau 25 : Evolution médiane et moyenne du cash flow et du ratio taux marge économique

Année fiscale	Médiane		différence	Moyenne		différence	IPO-Contrôle		
	IPO	Contrôle	z stat	IPO	Contrôle	z stat	%Positif	z-stat	N
A : CF/TA									
année -1	0,07	0,06	1,29	0,08	0,1	1,62	54,21	0,79	90
année 0	0,06	0,07	-0,31	0,09	0,08	0,48	47,36	-0,5	90
année 1	0,05	0,06	-0,97	0,09	0,08	0,02	48,23	-0,33	90
année 2	0,06	0,05	0,04	0,10	0,1	0,38	50,12	0,02	90
année 3	0,07	0,08	-1,83	0,09	0,15	-0,89	43,21	-0,12	90
B : EBITDA/CA									
année -1	0,09	0,09	-2,18	0,02	0,01	-1,01	46,06	-0,74	90
année 0	0,10	0,09	-2,69	0,03	0,03	0,07	42,35	-1,45	90
année 1	0,06	0,08	-1,83	-0,22	0,22	-0,20	43,12	-1,3	90
année 2	0,08	0,1	-0,59	0,06	0,04	0,70	48,36	-0,69	90
année 3	0,08	0,1	-3,12	-0,12	-0,10	0,46	38,26	-2,22	90

Note : (***, **,*) : Significativité au seuil de, respectivement, 1%, 5% et 10%.

Le tableau 25 présente à la fois des évolutions de la médiane et des moyennes du ratio (OCF/TA) pour les entreprises introduites en bourse, les sociétés de référence et les entreprise de référence ajustées.

Le Panel A affiche un déclin statistiquement significatif (au seuil de 1%) de la performance pour les entreprises introduites à partir de l'année qui précède l'introduction en bourse (année (n-1) jusqu'aux années n, (n+ 1), (n+2), et (n+3). Les entreprises de référence affichent des déclins faiblement significatifs des performances de l'année (n-1) jusqu'à l'année (n+2), et de l'année (n-1) jusqu'à l'année (n+3). Ainsi les entreprises ayant opéré une introduction en bourse sous-performent significativement les entreprises de référence pour toutes les années à l'exception de l'année (n+2).

Tableau . 26 : L'évolution de la médiane et la moyenne du ratio (OCF /TA)

	médiane	*moyenne*	*médiane*	*moyenne*	*médiane*	*moyenne*	*médiane*	*moyenne*
Panel A								
Evolution pré et post IPO	***Année -1 à 0***		***Année -1 à 1***		***Année -1 à 2***		***Année -1 à 3***	
Firmes IPO	-0,76%*	4,50%*	0,00%*	-32,38%*	0,00%*	-30,38%*	2,18%*	-1,63%*
p-value	0,001	0,028	0,006	0,042	0,005	0,004	0,000	0,000
Firmes Contrôle	-0,02%	4,50%	-0,01%*	-12,38%	0,83%	-1,13%*	0,56%*	-1,03%
p-value	0,239	0,155	0,784	0,543	0,063	0,077	0,075	0,193
Ajusté à la firme de contrôle	-3,65%*	4,50%	-5,89%*	-32,38%	-4,85%	33,03%	-5,11%*	-1,63%*
p-value	0,070	0,351	0,030	0,202	0,147	0,269	0,033	0,054

Panel B ***Evolution d'une année à une autre***	*Année -1 à 0*		*Année 0 à 1*		*Année 1 à 2*		*Année 2 à 3*	
Firme IPO	-0,76%*	4,50%*	0,12%	-36,88%	0,39%	65,41%	-0,33%	-34,66%
p-value	0,001	0,028	0,978	0,855	0,845	0,489	0,151	0,267
Firme Contrôle	2,02%	4,50%	-2,23%	-26,88%	1,04%	15,41%	-0,27%	-24,66%
p-value	0,239	0,155	0,289	0,372	0,151	0,155	0,465	0,670
Ajusté à la firme de contrôle	-1,82%*	4,50%	18,48%	-30,88%	-51,51%	25,41%	-15,36%	-27,66%
p-value	0,070	0,351	0,315	0,723	0,342	0,792	0,102	0,270

Note : (***, **,*) : Significativité au seuil de, respectivement, 1%, 5% et 10%.

D'une année sur l'autre, la performance des entreprises introduites en bourse révèle une baisse pour les quatre années, mais nous pouvons constater une baisse de la médiane de 0,76% de l'année (n-1) à l'année n qui est statistiquement significative (au seuil de 1%). Les évolutions de la médiane, d'une année sur l'autre, pour les entreprises de référence sont toutes plus faibles que pour les entreprises introduites en bourse, avec deux faibles améliorations et deux années de baisse, toutes les évolutions étant statistiquement significatives. Les entreprises introduites sous-performent les entreprises de référence, cette sous-performance n'est statistiquement significative qu'à partir de l'année (n-1) à l'année n à un niveau de 10%. Les résultats basés sur les moyennes sont largement similaires, quoique généralement moins significatifs. Le rapport des flux de trésorerie d'exploitation sur le total des actifs (OCF/TA) a également été mesuré et les résultats, qui sont présentés dans l'annexe (tableau infra), montrent des tendances similaires.

Les résultats de l'évolution des ratios OCF/CA, sont rapportés dans le tableau 26. Comme nous pouvons le constater à partir du panel A, même s'il existe une baisse de la performance post-IPO par rapport au niveau pré-IPO, cette dernière n'est pas statistiquement significative à l'exception de la baisse à l'année n pour les IPO. Pour l'évolution d'une année à une autre figurant dans le panel B du tableau, nous constatons aussi une baisse non significative de la médiane, à l'exception pour l'année n-1 à n pour les IPO.

Il est clair que les deux mesures de la performance par l'approche comptable et par l'approche de flux de trésorerie présentent une évolution positive du rendement pré-IPO ceci corrobore avec les travaux de Kim *et al.* (2004) sur le marché Thaïlandais. Pour la période post introduction, nous pouvons conclure une dégradation de la performance des IPOs par rapport à celles des firmes de référence. Nos résultats sont compatibles avec les travaux de Mikkelson *et al.* (1997) sur le marché américain et Cai et Wei (1997) sur le marché japonais. La dégradation de la performance est plus importante en utilisant l'approche comptable. Cette dernière est plus significative pour l'évolution d'une année à une autre.

La plus grande chute constatée en utilisant la première approche a lieu à partir de année n à (n+ 1) et la plus forte baisse en utilisant des ratios fondée sur les flux de trésorerie se produit à partir de l'année (n-1) à n. Dans l'ensemble, les résultats suggèrent que des mesures effectuées à la fois par l'approche comptable et par celle des flux de trésorerie montrent une dégradation de la performance des IPOs de notre échantillon.

Tableau 27 : L'évolution de la médiane et la moyenne du ratio (OCF / CA)

	médiane	*moyenne*	*médiane*	*moyenne*	*médiane*	*moyenne*	*médiane*	*moyenne*
Panel A								
Evolution pré et post IPO	***Année -1 à 0***		***Année -1 à 1***		***Année -1 à 2***		***Année -1 à 3***	
Firmes IPO	-0,76%*	4,50%*	0,00%*	-30,35%*	0,00%*	-32,38%*	2,18%*	-31,85%*
p-value	0,001	0,028	0,006	0,042	0,005	0,004	0,000	0,000
Firmes Contrôle	-0,02%	5,50%	-0,01%*	-13,38%	1,83%	-1,03%*	0,56%*	-2,03%
p-value	0,239	0,155	0,784	0,543	0,063	0,077	0,075	0,193
Ajusté à la firme de contrôle	-3,65%*	4,50%	-5,89%*	-32,38%	-4,85%	33,03%	-5,11%*	-0,73%*
p-value	0,070	0,351	0,030	0,202	0,147	0,269	0,033	0,054
Panel B								
Evolution d'une année à une autre	***Année -1 à 0***		***Année 0 à 1***		***Année 1 à 2***		***Année 2 à 3***	
Firme IPO	-0,76%*	4,50%*	0,12%	-16,88%	0,89%	65,41%	-0,33%	-34,66%

p-value	0,001	0,028	0,978	0,855	0,945	0,489	0,151	0,267
Firme Contrôle	2,02%	5,50%	-5,23%	-26,88%	1,54%	45,41%	-0,27%	-25,56%
p-value	0,239	0,155	0,289	0,372	0,551	0,155	0,465	0,670
Ajusté à la firme de contrôle	-1,82%*	4,50%	15,48%	-36,88%	-31,51%	45,41%	-25,36%	-24,66%
p-value	0,070	0,351	0,315	0,723	0,342	0,792	0,102	0,270

Note : (***, **,*) : Significativité au seuil de, respectivement, 1%, 5% et 10%.

2.3. Sources de changements dans le rendement d'exploitation

Pour approfondir l'étude de la performance opérationnelle basée sur la méthode comptable, on examine également une variété de sources potentielles de détérioration de cette même performance post-cotation. Jain et Kini (1994) constatent que les entreprises ont une forte croissance des ventes et des dépenses en capital, même si leur compétitivité baisse après les introductions.

La présente étude examine si la croissance du chiffre d'affaires et des investissements et si les schémas de rotation des actifs des sociétés introduites changent au fil du temps. Cela pourrait fournir quelques raisons pour lesquelles la performance opérationnelle observée des entreprises introduites baisse les trois années qui ont suivi les cotations en bourse.

En raison de l'asymétrie des données, les résultats sur la croissance des ventes, les dépenses en capital, et la rotation de l'actif on mettra l'accent sur les médianes. Par exemple, l'examen des données révèle qu'il y a huit entreprises introduites en bourse et une entreprise de référence qui ont individuellement un taux de croissance des ventes de plus de 500% dans la période post-cotation. La valeur élevée du taux de croissance du chiffre d'affaires peut être due à de très faibles ventes de l'année de référence.

Nous pouvons citer l'exemple de MEETIC, qui affiche une valeur aberrante des ventes totales de 1 106 M€ pour l'année -1, et qui s'élève à 8 862M€ pour l'année +1, produisant ainsi un taux de croissance de 701 %. Toutefois, par souci d'exhaustivité, les résultats basés sur les moyennes sont également signalés.

2.3.1. La croissance des ventes

Le tableau 27 présente la variation en pourcentage médian et moyen (croissance) des ventes. En ce qui concerne la progression des ventes de l'année pré-IPO, nous pouvons constater que les firmes d'IPO ont une croissance de leurs ventes significativement supérieure aux entreprises de contrôle. Cependant, cette étude apporte une amélioration par rapport à l'analyse en examinant une variation positive de l'évolution des ventes. Nous pouvons également remarquer que les entreprises cotées en bourse ont enregistré un pic à la hausse au niveau de leurs ventes, pendant la première année d'introduction. Ces résultats suggèrent que l'augmentation du chiffre d'affaires des entreprises nouvellement introduites en bourse peut être attribuée exclusivement à l'industrie et aux effets de taille, ce qui n'est pas compatible avec les études menées par Jain et Kini (1994), Chan *et al.* (2003) et Kim *et al.* (2004).

Tableau 28 : L'évolution de la médiane et la moyenne de la croissance du chiffre d'affaires entre 1997 et 2008

Année	**n-1**	**n**	**n+1**	**n+2**	**n+3**
	le taux de croissance du chiffre d'affaires				
Moyenne pour IPO	60,00%	51,85%	94,14%	16,45%	5,5%
Moyenne pour Contrôle	23,40%	21,00%	10,20%	8,90%	11,5%
Valeur du test t	-0,789	1,358	3,125***	2,256***	-0.012
Médiane pour IPO	34,20%	28,41%	26,72%	10,69%	2,15%
Médiane pour Contrôle	12,50%	8,20%	5,60%	4,90%	6,3%
Valeur du test W	0,429	7,252***	7,961***	7,256***	-3,152***

Note : (***, **,*) : Significativité au seuil de, respectivement, 1%, 5% et 10%.

Nous pouvons expliquer la diminution du taux de marge économique par la forte augmentation du chiffre d'affaires des IPOs entre (n-1) et (n+1) qui n'a pas engendré la croissance de l'excédent brut d'exploitation (EBE). En effet, nous pouvons déduire à partir du tableau 28 que le taux de croissance du CA des IPOs passe de 60 % en (n-1) à 94.14% en (n+1) comme l'illustre la figure 9. Par contre pour les firmes de référence le taux de croissance passe de 34,2% en (n-1) à 26,72% en (n+1).

Figure 9 : Taux de croissance du chiffre d'affaires comparé (moyenne)

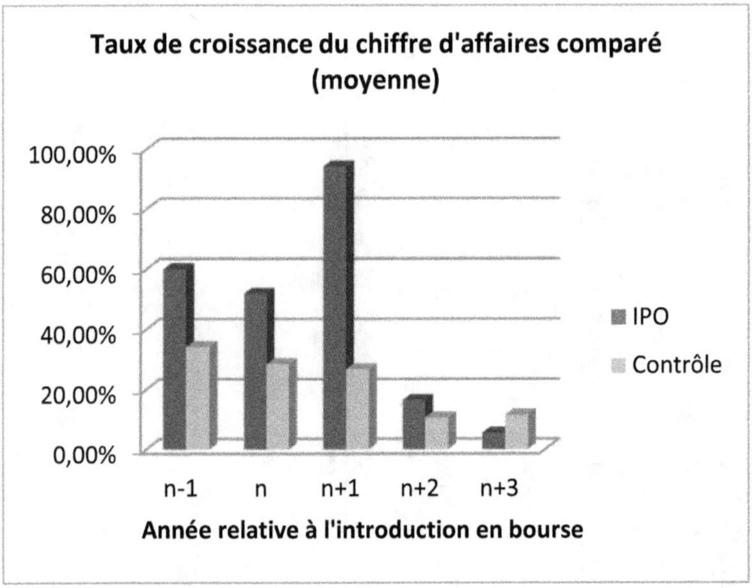

Figure 10 : Taux de croissance du chiffre d'affaires comparé (Médiane)

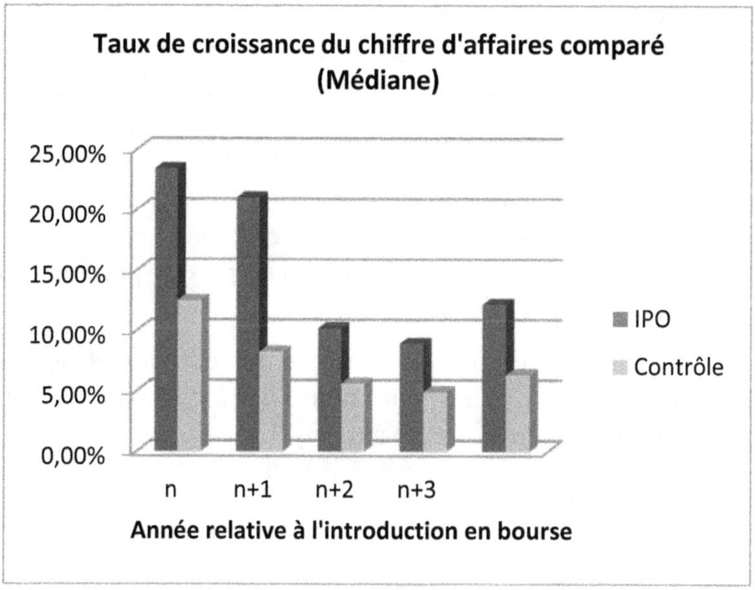

2.4. Les évolutions dans les prévisions du marché

Les investisseurs potentiels peuvent bénéficier de prévisions élevées de la croissance des revenus soit en raison des états financiers divulgués par les responsables avant l'introduction en bourse ou raison de la synchronisation de l'offre lorsque leur performance est meilleure (Jain et Kini, 1994). Pour étudier cette possibilité, deux mesures de prévision des investisseurs (valeur du marché - valeur comptable) ont été examinées. Les mesures de prévisions du marché sont présentées à partir de l'année 0 car il n'y a aucune information de prix disponible avant cette année.

Le tableau 29 présente les résultats des évolutions des médianes et des moyennes du ratio *market-to-book* d'actifs (MTBA) pour les années (n+1) à (n+3).

Tableau . 29 : L'évolution de la médiane et la moyenne du ratio MTBA

	médiane	*moyenne*	*Médiane*	*moyenne*	*médiane*	*moyenne*
A : Evol. pré et post IPO	*Année -1 à 1*		*Année -1 à 2*		*Année -1 à 3*	
Firmes IPO	-0.14*	-0.34*	-0.31*	-0.44*	-0.60*	-0.66*
p-value	0.000	0,000	0 ,000	0,000	0,003	0,069
Firmes Contrôle	-0.09*	-0.21*	-0.26*	-0.25*	-0.31*	-0.45*
p-value	0,003	0,004	0,002	0,001	0,002	0,003
Ajusté à la firme de contrôle	-0.17*	-0.13*	-0.21	-0.19*	-0.36	0.21
	0,003	0,058	0,225	0,062	0,828	0,998
B : Evolution annuelle	*Année 0 à 1*		*Année 1 à 2*		*Année 2 à 3*	
Firme IPO	-0.14*	-0.34*	0.00*	0.00	-0.07*	-0.23*
p-value	0,002	0,002	0,001	0,305	0,000	0,000
Firme Contrôle	-0.09	-0.21	--0.05	-0.05	-0.06	0.02
p-value	0,281	0,851	0,134	0,258	0,833	0,410
Ajusté à la firme de contrôle	-0.17*	-0.13*	0.05*	-0.06	-0.06*	-0.02*
	0,001	0,004	0,026	0,804	0,002	0,006

Note : (***, **,*) : Significativité au seuil de, respectivement, 1%, 5% et 10%.

Le Groupe A montre que les entreprises introduites ont un MTBA qui baisse considérablement au fil du temps, avec toutefois une baisse modérée du MTBA pour les entreprises de référence. Ainsi, le MTBA des sociétés de références ajustées est significativement négatif pour les années (n+1) à (n+3) par rapport à l'année n.

Les résultats d'une année à une autre délimitent une performance ajustée négative significative. L'évolution de l'année (n+1) à (n+2) montre une légère amélioration, mais enregistre à nouveau une baisse au cours de l'année (n+3).

Pour évaluer la robustesse de cette mesure des prévisions du marché, des mesures alternatives sont exploitées : le ratio *market-to-book equity* (MTBE), et les résultats présentés dans l'annexe (tableau infra). Cependant, des résultats quelque peu similaires ont été observés.

Les résultats globaux indiquent que les mesures de prévision du marché commencent avec une performance plus élevée, mais diminuant manière significative au fil du temps par rapport à son niveau pré-introduction.

Cependant, les évolutions d'une année à une autre, indiquent que le déclin se produit principalement pendant l'année (n+1).

Pour résumer, ces résultats sont cohérents avec ceux de Jain et Kini (1994) qui suggèrent qu'en observant la performance à son niveau de pré-introduction, les investisseurs ont émis un jugement optimiste de la croissance des revenus pour les entreprises introduites en bourse, bien que ces prévisions ne soient pas réalisées.

2.5. Évolutions de l'endettement

En plus de l'analyse des sources de la performance opérationnelle et des évolutions dans les prévisions du marché, l'évolution du ratio d'endettement est également analysée afin d'évaluer l'impact des décisions de la structure du capital des entreprises. Les résultats pour le ratio d'endettement mesuré par la dette totale sur l'actif total (dettes totales / total actifs) sont présentés dans le tableau 30. Ce dernier montre un désendettement entre (n-1) et (n+3) des entreprises nouvellement introduites en bourse : le taux de d'endettement passe de 17,51% à 13,99% (figure 11) et une augmentation de ce taux entre l'année (n-1) et n.

Les entreprises introduites réduisent considérablement leurs endettements par rapport aux entreprises de référence entre l'année (n-1) et (n+3). En effet, la différence entre notre échantillon constitué des IPOs et le portefeuille de référence est négative. Les résultats indiquent que les entreprises introduites ont été trouvées en utilisant le ratio dette sur capitaux propres. C'est l'une des raisons pour lesquelles les entreprises s'ouvrent au public et le produit brut provenant de l'émission d'actions est utilisé pour rembourser une partie de leurs emprunts.

La légère augmentation du ratio d'endettement post-introduction est compatible avec des entreprises souhaitant bénéficier des avantages fiscaux susceptibles d'augmenter leurs valeurs.

Figure 11 : Endettement Global comparé (moyenne)

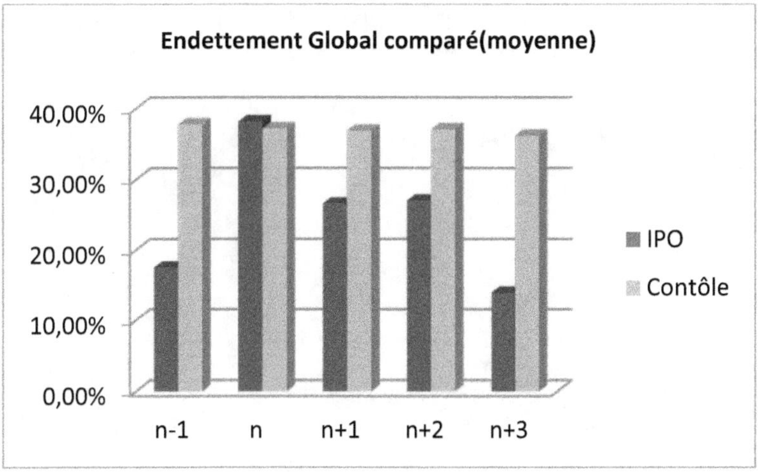

Dans l'ensemble, ce résultat est cohérent avec Mikkelson *et al.* (1997) qui ont constaté que les ratios d'endettement des introductions en bourse aux États-Unis ont chuté de l'année (n-1) à l'année (n+1) mais ont augmenté par la suite. Cependant, les résultats sont contradictoires avec des études sur des IPOs effectuées au Royaume-Uni où les ratios d'endettement ont diminué au moment de l'introduction, mais sont restés inférieurs pendant la période post-introduction (Khurshed *et al.*, 2003).

Figure 12 : Endettement Global comparé (médiane)

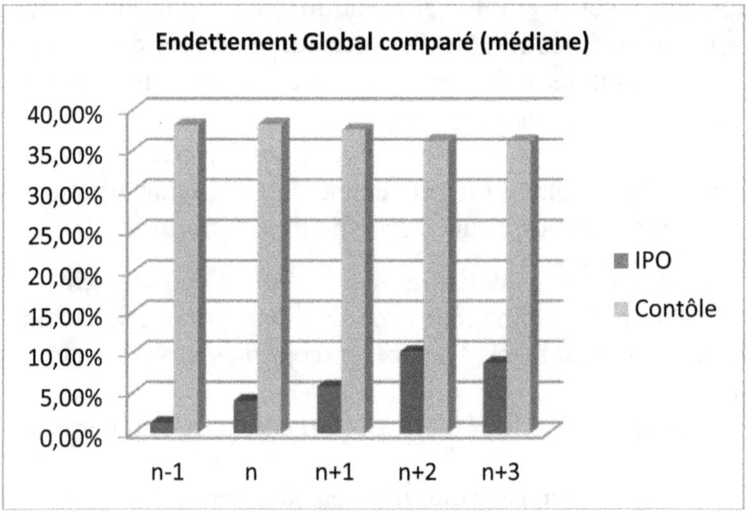

Tableau 30 : L'évolution de la médiane et la moyenne du ratio (Dettes /AT)

	médiane	*moyenne*	*médiane*	*moyenne*	*Médiane*	*moyenne*	*médiane*	*moyenne*
A : Evol. pré et post IPO	***Année -1 à 0***		***Année -1 à 1***		***Année -1 à 2***		***Année -1 à 3***	
Firmes IPO	2,71%*	20,71%*	4,47%***	9,06%	-11,48%	9,48%	7,36%*	-3,52%***
p-value	0,000	0,000	0,090	0,598	0,158	0,810	0,003	0,069
Firmes Contrôle	0,10%*	-0,60%*	-0,60%*	-0,90%*	-1,90%	-0,70%*	-2,00%*	-1,60%*
p-value	0,000	0,000	0,003	0,004	0,002	0,001	0,002	0,003
Ajusté à la firme de contrôle	-34,02%*	0,42%*	-32,27%*	-11,23%***	-48,21%	-10,81%***	-29,38%	-23,81%
p-value	0,000	0,000	0,003	0,058	0,225	0,062	0,828	0,998
IPO	2,71%*	20,71%*	1,75%*	-11,65%	0,70%*	0,42%	0,00%*	-13,00%*
p-value	0,000	0,000	0,002	0,002	0,001	0,305	0,000	0,000
Firme Contrôle	0,10%*	-0,60%*	-0,70%	-0,30%	-1,30%	0,20%	-0,10%	-0,90%
p-value	0,000	0,000	0,281	0,851	0,134	0,258	0,833	0,410
Ajusté à la firme de contrôle	-34,02%*	0,42%*	-32,37%*	-10,63%*	-47,61%**	-9,91%	-27,48%*	-23,11%*
p-value	0,000	0,000	0,001	0,004	0,026	0,804	0,002	0,006

Note : (***, **,*) : Significativité au seuil de, respectivement, 1%, 5% et 10%.

L'étude précise de l'impact de l'introduction observée sur l'investissement des IPOs à long terme (tableau 31) affirme que ces firmes investissent plus que les firmes contrôle les deux premières années d'introduction. L'impact positif de la cotation sur l'investissement des IPOs, en comparaison avec les firmes contrôle, s'inverse au cours de l'année (n+3). Ce constat appuie fortement l'hypothèse de désendettement des firmes technologiques (figure suivante). Nous pouvons conclure à partir des résultats trouvés précédemment que le désendettement des IPOs est conjugué à un accroissement de l'investissement les deux premières années post-cotation. Ainsi une tranche des capitaux levés par les IPOs sur la bourse de Paris est affectée pour la restructuration de leurs bilans après les périodes caractérisés par une croissance très importante. Ce résultat est en ligne avec celui dégagé par Mikkelson *et al.* (1997).

Nous avançons une seconde interprétation liée à la dégradation de la rentabilité économique : supposons que les capitaux dégagés sont affectés en premier lieu aux paiements des dettes, les responsables ne vont pas assurer le maintien des charges d'investissement dans les années à venir (déclin des investissements année (n+2) et (n+3)). Ce qui justifie la diminution des performances opérationnelles, particulièrement le déclin du taux de croissance du CA de l'année (n+2) à (n+3) constaté précédemment. La cotation sur le marché boursier serait organisée pendant une période caractérisée par un pic de performance afin de contribuer à la transformation de la structure financière et non au tenu des charges d'investissement sur le moyen et le long terme.

Les firmes émettrices ne freinent pas ses investissements malgré la détérioration de leurs performances économique ce phénomène est avancé par Loughran et Ritter (1997). Nous pouvons expliquer ce dernier par la théorie de *free cash flow* de Jensen (1986).

2.6 Rentabilité de l'actif

L'évolution de la rentabilité de l'actif (résultat net/total actifs) va dans le même sens que la rentabilité économique et confirme la sous-performance à long terme des IPOs. Le tableau 31 montre une diminution de la rentabilité de l'actif d'une année à une autre cette dernière enregistre un taux important de -144% entre l'année (n-1) et l'année n, alors que pour les autres années nous pouvons constater un déclin moins important. Le portefeuille de référence assure la stabilité de la performance post cotation. Les firmes nouvellement introduites en bourse semblent être plus rentables que les firmes de contrôle avant la date de cotation. L'interprétation de l'effet moyen de la cotation sur le ratio de rentabilité de l'actif prouve que la rentabilité de l'actif et la rentabilité économique connaissent le même sort. Les deux graphiques (figures suivantes) montrent qu'à partir de l'année n, notre échantillon des IPOs effectue des performances moins bonnes par rapport à notre portefeuille de référence. L'impact négatif de la cotation sur la rentabilité de l'actif se manifeste d'une année à une autre.

Tableau 31 : L'évolution de la médiane et la moyenne de la rentabilité de l'actif

	médiane	*moyenne*	*médiane*	*moyenne*	*médiane*	*moyenne*	*médiane*	*moyenne*
Evolution pré et post IPO (Panel A)	***Année -1 à 0***		***Année -1 à 1***		***Année -1 à 2***		***Année -1 à 3***	
Firmes IPO	-5,35%*	-114,76%	-23,34%*	-132,82%*	-32,25%*	-138,40%*	-33,02%*	-144,16%*
p-value	0,001	0,028	0,001	0,042	0,005	0,004	0,000	0,000
Firmes Contrôle	-1,00%	-3,00%	-3,00%	-5,00%	-5,00%	-6,00%	-8,00%	-8,00%
p-value	0,239	0,155	0,784	0,543	0,064	0,077	0,075	0,193
Ajusté à la référence	8,72%*	1,40%	-9,26%*	-16,67%	-18,17%	-22,24%	-18,95%*	-28,00%*
p-value	0,07	0,351	0,03	0,202	0,147	0,269	0,033	0,054
Evolution d'une année à une autre (Panel B)	***Année -1 à 0***		***Année 0 à 1***		***Année 1 à 2***		***Année 2 à 3***	
Firme IPO	-5,35%	-114,76%	-17,98%	-18,07%	-8,91%	-5,57%	-0,77%	-5,76%
p-value	0,001	0,028	0,978	0,855	0,845	0,489	0,151	0,267
Firme Contrôle	-1,00%	-3,00%	-2,00%	-2,00%	-2,00%	-1,00%	-3,00%	-2,00%
p-value	0,239	0,155	0,289	0,372	0,151	0,155	0,465	0,67
Ajusté à la référence	8,72%	1,40%	-8,26%	-13,67%	-15,17%	-17,24%	-13,95%	-22,00%
p-value	0,07	0,351	0,315	0,723	0,372	0,792	0,102	0,27

Note : (***, **,*) : Significativité au seuil de, respectivement, 1%, 5% et 10%.

Figure 13 : L'évolution de la rentabilité de l'actif comparé (moyenne)

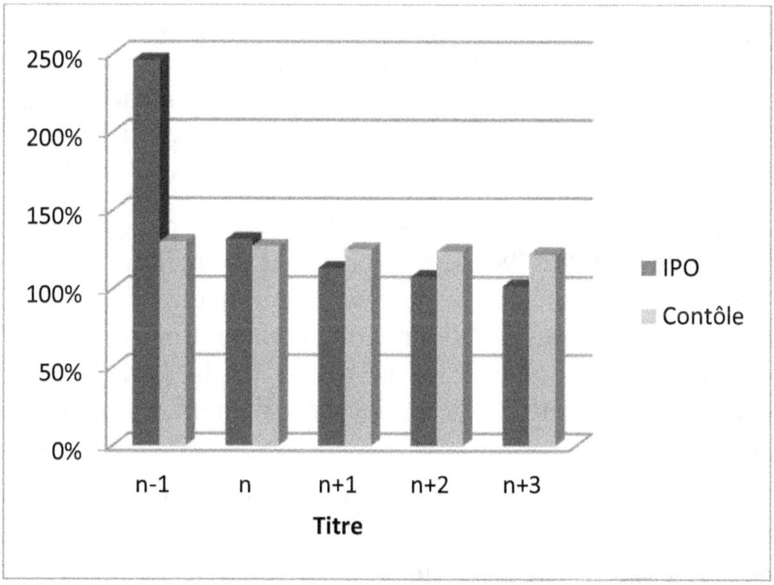

Figure 14 : Evolution de la rotation de l'actif comparé (médiane)

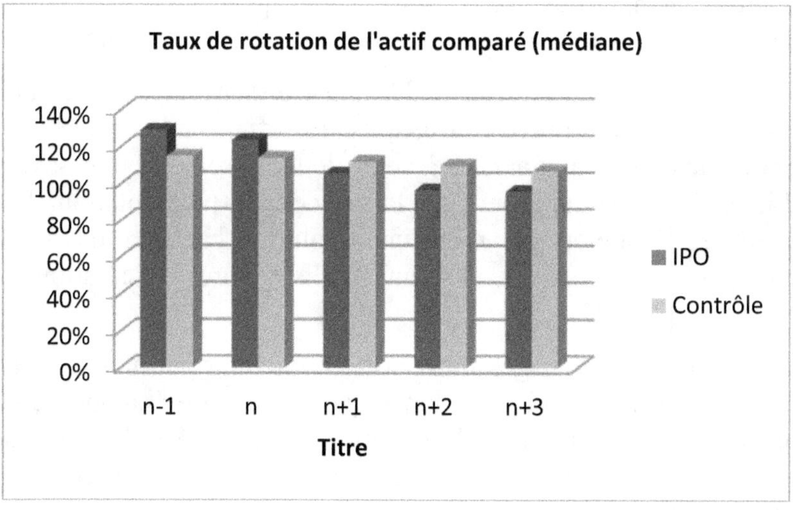

Les résultats trouvés précédemment montrent que les différentes mesures de performance (rentabilité économique, taux de marge économique et rentabilité de l'actif) affichent, en moyenne, un pic en année pré-cotation par rapport aux années post-cotation. Nous pouvons déduire que les firmes décident de se faire coter lorsqu'elles affichent des performances importantes en année (n-1), ces dernières ne sont pas conservées en période post-cotation.

L'analyse de l'activité de cotation sur la bourse de Paris sur la période 1997-2008 peut montrer des indices relatifs à l'hypothèse du « timing du marché ». Nous avons remarqué que le regroupement des cotations entre l'année 1999 et 2000 est accompagné généralement d'un déclin de la performance à moyen et long terme. Nos résultats corroborent les travaux de Ritter (1997).

Les niveaux importants de la performance constatée en période pré cotation, n'est pas engendré par la manipulation des données comptables. En effet, l'augmentation simultanée des trois ratios (ratio de rentabilité économique, le taux de marge économique et la rentabilité des actifs) ne favorise pas le phénomène de manipulation comptable puisqu'il n'est pas évident de manipuler la rentabilité économique et le taux de marge.

Selon Loughran et Ritter (1997), la croissance des firmes a un effet sur la décision des dirigeants. En effet, ces derniers suroptimistes quant aux années à venir de leurs sociétés et essayent d'investir d'avantage pendant la période de post-cotation. Les analystes financiers prévoient une évolution baissière des titres boursiers, au vu des rendements réalisés après la cotation en bourse (Ali, 1997).

Les résultats dégagés dans notre recherche permettent donc d'appuyer l'hypothèse qui énonce que « la cotation en bourse est un moyen pour stabiliser la situation financière de l'entreprise au détriment de l'investissement et du financement et de la croissance ».

Les autres explications de la diminution de la performance opérationnelle à moyen et long terme sont avancées dans la littérature. Le déclin est expliqué selon Mikkelson et al. (1997) par le fait que les dirigeants actionnaires vont privilégier leurs intérêts personnels (la volonté de procurer des liquidités) à l'intérêt de la firme. Les gestionnaires des sociétés essayeront un moyen pour de désengager pour une diversification optimale du risque. La fonction principale des marchés boursiers est le transfert de créance et donc de risques (Aglietta et Rebérioux (2004)).

Conclusion

Dans ce chapitre, nous avons examiné l'effet de l'opération d'introduction des firmes technologiques sur la performance opérationnelle comparativement à des firmes de référence sur période identique. Nous avons également étudié l'évolution de la rentabilité économique, ainsi que du chiffre d'affaires et de l'endettement.

Après une présentation de notre démarche empirique, nous avons analysé la performance après l'introduction afin de répondre à la question de départ : la performance opérationnelle s'améliore-t-elle ou bien se détériore-t-elle à long terme suite à une opération d'introduction ?

Nous avons procédé à une analyse comparative entre les firmes introduites et les firmes de référence (non cotées en bourse). L'utilisation de l'effet moyen et médian du traitement sur les données appuie les résultats de notre démarche descriptive et prouve la chute de la performance opérationnelle des IPOs à moyen et long terme.

La performance opérationnelle nous procure des résultats différents de ceux constatés dans le chapitre 3. En effet, l'utilisation de la méthode d'événement et celle d'achat conservation pour calculer la performance boursière des IPOs, montrent une évolution positive des rendements à moyen et long terme.

La décision d'introduction en bourse et le déclin de la performance opérationnelle à moyen et long terme sont donc expliqués par l'hypothèse du timing du marché. En effet, les dirigeants des sociétés technologiques semblent choisir le moment opportun pour entamer la procédure d'introduction. Par ailleurs, nous avons constaté que la rentabilité atteint son maximum avant l'introduction. Nous en déduirons que la cotation en bourse est organisée à une période où la performance atteint son plus haut niveau et où les opportunités de croissance dans l'avenir sont élevées.

Conclusion Générale

La présente recherche s'est bien intéressée au phénomène d'introduction en bourse et plus particulièrement à l'étude de la performance boursière et comptable. Pour ce faire, nous avons analysé en particulier les facteurs liés à la performance à long terme. Notre échantillon s'est composé de 92 sociétés introduites au nouveau marché Euronext Paris durant la période 1997-2008.

Le travail mené contribue d'une part à analyser la performance boursière par deux méthodes à savoir : celle de l'événement temps et celle du temps calendaire, et d'autre part à compléter les études empiriques récentes menées sur la performance comptable post-cotation. Ces études n'avaient jusqu'alors été menées que sur les marchés anglo-saxons.

A notre connaissance, seuls Sentis (2001b) et Serre (2004) ont étudié d'une manière exploratoire l'avenir des firmes introduites sur le marché français à travers les performances post cotation.

La démarche suivie tout au long de ce travail nous a conduits dans une première partie, à justifier notre positionnement théorique et à développer notre hypothèse de recherche.

Cette première étape nous a guidés vers deux hypothèses centrales.

❖ *Hypothèse 1*

Il y a une différence dans la performance à long terme lorsque les approches de l'événement temps et celle du temps calendaire sont employées.

❖ *Hypothèse 2*

Il y a une différence entre l'évolution de la performance boursière et la performance opérationnelle.

D'ailleurs les diverses anomalies boursières (comme la sous-évaluation et la sous-performance boursière à long terme) ont été examinées sous cet angle (Ritter, 1984 ; Loughran Ritter, 1995).

Nous avons également traité lors de la première partie de notre recherche des conséquences théoriques de l'introduction en bourse sur la performance des sociétés nouvellement cotées.

Deux anomalies surgissent : une sur-performance de court terme et une sous-performance de moyen et long terme. Pour comprendre ces deux notions et par conséquent leurs origines, nous avons analysé les résultats existants qui portent essentiellement sur la sous-performance boursière de moyen et long terme et avons pu démontrer, à l'instar de Brav, Geczy et Gompers (2000), leur incapacité à fournir des résultats cohérents. En effet, les différences observées selon les pays posent la question de la validité des résultats obtenus. L'utilisation de différentes méthodes de calcul des rendements anormaux est, d'après Brav, Geczy et Gompers (2000), à l'origine de cette divergence. D'ailleurs des critiques des méthodologies de mesure des rendements boursiers de long terme ont été dressées par d'autres auteurs comme Kothari et Warner (1997), et Barber et Lyon (1997).

Ces résultats divergents nous conduisent à explorer une autre voie de recherche sur les performances post-cotation qui s'intéresse plutôt aux indicateurs comptables comme mesures alternatives de la performance. L'utilisation des mesures boursières n'est pas suffisante pour expliquer le phénomène de la sous-performance de long terme, avancées depuis une vingtaine d'années. L'avantage des mesures comptables de la performance, par rapport aux mesures boursières, est que les premières ne dépendent pas de considérations en termes d'efficience de marché.

Les rares études empiriques sur la performance comptable post-cotation mettent en évidence un déclin des performances sur cette période. Ce phénomène est classiquement attribué à des conflits d'agence, à un effet *timing*, voire à une manipulation des résultats avant l'introduction en Bourse.

La deuxième partie de notre recherche a consisté en une analyse empirique des hypothèses théoriques développées dans la première partie. Pour mener cette étude, nous avons exploité un échantillon composé des 92 sociétés introduites sur le second marché et le nouveau marché de Paris entre 1997 et 2008.

Nous avons ensuite suivi une méthodologie empirique en deux étapes.

La première consiste à dégager les résultats des rendements initiaux en accord avec les données internationales existantes et également compatibles avec les résultats observés sur les valeurs technologiques en France. Cependant, les conclusions concernant les rendements à long terme sont contraires aux résultats découverts dans les marchés américains et britanniques. Cette étude constate une surperformance significative lorsque les deux méthodes de l'événement-temps à savoir les cumuls des rendements anormaux (CAR) et achat conservation *Buy and Hold* sont utilisées (en utilisant les deux approches pondération et équi-pondérée).

Le modèle de Fama et French (1993) des régressions à trois facteurs nous procure des surperformances non significatives. Ceci est en accord avec l'argument de Gompers et Lerner (2003), spécifiant que la performance relative d'un échantillon IPO dépend de la méthode utilisée pour examiner le rendement. Comme soutenu par Ritter (2003), l'échantillon utilisé en termes de délai et de critères de sélection contribue également à différentes conclusions des multiples études sur la performance à long terme des introductions en bourse. Les résultats présentés dans la première étude, en utilisant l'approche événement temps suggèrent que les capitaux investis dans des entreprises IPO pourraient obtenir des rendements positifs sur le long terme.

Cette étude révèle que, contrairement aux résultats observés par Loughran et Ritter (1995), lorsque l'échantillon est segmenté par l'année de l'inscription et la performance à long terme est comparée avec des entreprises de taille assortie, la sous-performance n'est pas concentrée dans certaine inscription années qui ont un grand nombre de sociétés IPO. La performance à long terme ne diffère pas significativement entre les secteurs. En outre, il n'y a pas de différence notoire de performance entre les entreprises IPO cotées sur Euronext Paris.

La sous-performance à long terme des IPOs n'est donc pas généralisée, la divergence des résultats mérite d'être d'avantage expliquée. Ces divergences semblent être imputables aux différences entre les caractéristiques des émissions, répercutions des causes de ce phénomène. Elles sont également liées aux aspects méthodologiques évoqués par Barber et Lyon (1997) et Brav, Geczy et Gompers (2000), ce qui renvoie à la nature et à la puissance des tests employés.

La deuxième s'est intéressée à l'analyse des performances post cotation à travers des techniques statistiques, relativement récentes par l'analyse de l'impact de l'introduction en bourse sur les indicateurs de performance opérationnelle par l'estimation de l'effet moyen de traitement sur les traités, nous avons également analysé l'impact de l'introduction en bourse sur l'endettement et l'investissement sur la période (n-1) et (n+3).

A l'issue de ces différents tests, nous avons obtenu des résultats intéressants qui caractérisent les introductions françaises et expliquent le comportement de cotation sur le marché d'Euronext Paris. A cet effet, nous exposons les principaux résultats portant sur les déterminants de la décision d'introduction en bourse, puis ceux relatifs à la performance opérationnelle, ainsi qu'à l'endettement et à l'investissement post-cotation.

Les conséquences de la cotation sur la performance, l'endettement et l'investissement que nous pouvons avancer sont dues aux résultats suivants :

Premièrement, le déclin des performances des sociétés introduites sur le second et le nouveau marché, comparativement à un groupe témoin, est clairement mis en évidence, les résultats obtenus mettent en avant un comportement différent des performances des sociétés des deux groupes particulièrement sur les années (n+1) et (n+2) et (n+3). Nos résultats sont similaires à ceux de Jain et Kini (1994), Mikkelson *et al.* (1997) et Yan et Cai (2003) qui estiment que les sociétés cotées réalisent de moins bonnes performances par rapport à un groupe comparable de sociétés non cotées sur le long terme.

Deuxièmement, conformément aux résultats de Pagano *et al.* (1998), nous avons conclu que les sociétés françaises sont cotées en bourse pour se désendetter. En effet, l'analyse précise de l'impact moyen de la cotation sur l'endettement montre que le taux d'endettement des sociétés cotées diminue sur les trois années de cotation en comparaison avec le groupe témoin. Il semble donc que les sociétés nouvellement introduites s'emploient à réduire leurs endettements afin d'améliorer leurs structures financières. Si les fonds levés servent prioritairement au remboursement de la dette, les sociétés cotées ne maintiendront pas les dépenses d'investissement dans le temps.

Troisièmement, nous avons également souligner que les sociétés cotées de notre échantillon présentent un fort taux de croissance du chiffre d'affaires depuis l'année précédant immédiatement l'introduction et cela jusqu'à la troisième année d'introduction en bourse. Ce dernier résultat débouche sur un constat de la plus haute importance : l'introduction en bourse serait planifiée lors d'un pic de croissance et de performance afin de servir à l'amélioration de la structure financière (désendettement)

Quatrièmement, les résultats de notre recherche militent en faveur d'un effet « *timing* » de la décision d'introduction en bourse qui explique le déclin de la rentabilité économique post-cotation. Toutes les mesures de performance retenues présentent un pic pendant l'année d'introduction en bourse, qui s'inverse sur les trois années suivant l'introduction. La baisse des dépenses d'investissement à partir de la troisième année et la réduction de l'endettement dès la première année, mentionnées plus haut, permettent aussi de conclure à un bon *timing* de l'introduction en bourse.

D'autres explications au déclin de la performance post-cotation restent probables. Celle avancée par Loughran et Ritter (1997) pour expliquer le déclin de la performance après une SEO stipule que les sociétés continuent à investir massivement après l'émission d'action alors même que leurs performances économiques se détériorent. Aspect souligné par notre étude. Les résultats obtenus montrent que les sociétés du second marché et du nouveau marché continuent à investir les trois premières années de cotation bien qu'elles présentent une rentabilité économique négative. Pour Mikkelson *et al.* 1997, c'est la volonté de procurer les liquidités aux actionnaires d'origine qui peut inciter les sociétés à choisir le moment de l'introduction en bourse. D'après Ritter (1991), c'est essentiellement pour profiter du sur optimisme des investisseurs.

La méthodologie empirique suivie pour analyser la performance opérationnelle post-cotation constitue à notre avis, l'apport le plus important de cette recherche.

Comme toute recherche, notre travail comporte un certain nombre de limites tant au niveau méthodologique qu'au niveau empirique.

Premièrement, nous n'avons pas pris en considération les données sur la structure de propriété des sociétés étudiées qui peuvent être d'un grand apport pour comprendre la relation entre la structure de contrôle (gouvernance) et la performance post-cotation. En effet, l'introduction en bourse implique un changement dans la configuration du capital de la société cotée qui peut être une source de conflit d'agence. Une étude du rôle de l'actionnariat et de la participation des institutionnels (capital risque par exemple) dans le capital pourra apporter plus de lumière sur les motivations réelles de l'introduction en bourse. L'implication de ces facteurs dans le modèle de la performance post-cotation peut aussi apporter des réponses à la thèse des relations d'agence avancée pour expliquer à la fois la décision de se faire coter et le déclin des performances opérationnelles post-cotation.

Deuxièmement, une analyse multi-variée des déterminants du déclin de la performance post-cotation est envisageable. Nous n'avons pas pu développer cet aspect qui peut être d'un grand apport aux résultats trouvés dans notre recherche. Ce point fera l'objet d'une recherche future.

Bibliographie

Ahmed-Zaluki, N. Campbell, K. E Goodcare, A. (2006), «The long run share Price Performance of Malaysian initial Public Offerings», *Journal of business Finance and Accounting*, Vol. 33, N° 1-2, p. 220-244.

Aggarwal, R., Leal, R. and Hernandez, L. (1993), «The aftermarket performance of initial public offerings in Latin America», *Financial Management,* Vol. 22, N° 1, p. 42-53.

Aggarwal, R. and Rivoli, P. (1990), «Fads in the initial public offerings market? », *Financial Management*, Vol. 19, N° 4, p. 45-57.

Aggarwal, R., Prabhala, N.R. and Puri, M. (2002), «Institutional allocation in initial public offerings: Empirical evidence», *Journal of Finance*, Vol. 57, N° 3, p. 1421-1442.

Aggarwal, A. and M. Chen, 2008, «Do analyst conflicts matter? Evidence from stock recommendations», *Journal of Law and Economics*, Vol. 51, p. 61-81.

Aharony, J., Lee, C.-W.J. and Wong, T.J. (2000), «Financial packaging of IPO firms in China», *Journal of Accounting Research*, Vol. 38, N° 1, p. 103-126.

Aharony, J., Lin, c.-J. and Loeb, M.P (1993), «Initial public offerings, accounting choices, and earnings management», *Contemporary Accounting Research*, Vol. 10, N° 1, p. 61-81.

Albring, S. M., Elder, R. J., & Zhou, J. (2007), «IPO underpricing and audit quality differentiation within non-Big 5 firms», *International Journal of Auditing*, Vol. 11, p. 115–131.

Allen, D.E., Morkel-Kingsbury, N.J. and Piboonthanakiat, W. (1999), «The long-run performance of initial public offerings in Thailand», *Applied Financial Economics*, Vol. 9, N° 3, p. 215-232.

Allen, F. and Faulhaber, G.R. (1989), «Signaling by underpricing in the IPO market», *Journal of Financial Economics*, Vol. 23, N° 2, p. 303-323.

Alderson M.J. and Betker B.L. (2003), «Managerial discretion costs and acquisition of capital Evidence from forced warrant exercise», *Financial Management* Vol. 32, p. 109-126.

Ali, A. (1997), «Bias in analysts 'earning forecasts as an explanation for the long-run underperformance of stocks following equity offering», working paper, University of Arizona.

Alvarez, S. and Gonzalez, V.M. (2005), «Signalling and the long-run performance of Spanish initial public offerings (IPOs)», *Journal of Business Finance and Accounting*, Vol. 32, N° 1-2, p. 325-350.

Amihud, Y., Hauser, S. and Kirsh, A. (2003), «Allocations, adverse selection, and cascades in IPOs: Evidence from the Tel Aviv Stock Exchange», *Journal of Financial Economics*, Vol. 68, N° 1, p. 137-158.

Anderson, R.C. and Reeb, D.M. (2003), «Founding-family ownership and firm performance: Evidence from the S&P 500», *Journal of Finance*, Vol. 58, N° 3, p. 1301-1328.

Armitage S. (1998), «Seasoned equity offerings and rights issues: A review of evidence», *European Journal of Finance,* Vol. 4, N° 1, p. 29-59.

Balatbat, M.C.A, Taylor, S.L. and Walter, T.S. (2004), «Corporate governance, insider ownership and operating performance of Australian initial public offerings», *Accounting and Finance*, Vol. 44, N° 3, p. 299-328.

Barber B. M., Lyon J.D. and Tsai C.L. (1999), « Improved methods for tests of long-run abnormal stock returns», *The Journal of Finance,* Vol. 14 N° 1, p. 165-201.

Barber, B.M. and Lyon, J.D. (1996), «Detecting abnormal operating performance: The empirical power and specification of test statistics», *Journal of Financial Economics*, Vol. 41, N° 3, p. 359-399.

Barber, B.M. and Lyon, J.D. (1997), «Detecting long-run abnormal stock returns: The empirical power and specification of test statistics», *Journal of Financial Economics*, Vol. 43, N° 3, p. 341-372.

Barber, B.R. Lehavy, M. Mc Nichols and Trueman, B. (2007), «Comparing the stock recommendation performance of investment banks and independent research firms», *Journal of financial Economics*, Vol. 41, p. 87-117.

Baron, D.P. (1982), «A model of the demand for investment banking advising and distribution services for new issues», *Journal of Finance*, Vol. 37, N° 4, p. 955-976.

Baron, D.P. and Holmstrom, B. (1980), «The investment banking contract for new issues under asymmetric information: Delegation and the incentive problem», *Journal of Finance*, Vol. 35, N° 5, p. 1115-1138.

Barnes, E. and Walker, M. (2006), «The seasoned-equity issues of UK firms: Market reaction and issuance method choice», *Journal of Business Finance and Accounting,* Vol.33, p. 45-78.

Beatty R.P., Bunsis H., and Hand J. (1998), «The indirect economic penalties in SEC investigation of underwriters», *Journal of Financial Economics,* Vol. 50, p. 151-186.

Beatty, R.P. and Ritter, J.R. (1986), «Investment banking, reputation, and the underpricing of initial public offerings», *Journal of Financial Economics*, Vol. 15, N° 1-2, p. 213-232.

Beatty, R.P. and Welch, J. (1996), «Legal liability and issuer expenses in initial public offerings», *Journal of Law and Economics*, Vol. 39, N° 2, p. 545-603.

Beaver, W.H., McNichols, M.F. and Nelson, K.K. (2003), «Management of the loss reserve accrual and the distribution of earnings in the property-casualty insurance industry», *Journal of Accounting and Economics*, Vol. 35, N° 3, p. 347-376.

Beckman, J., Garner, J., Marshall, B. and Okamura, H. (2001), «The influence of underwriter reputation, keiretsu affiliation, and financial health on the underpricing of Japanese IPOs», *Pacifc-Basin Finance Journal*, Vol. 9, N° 5, p. 513-534.

Beneish, M.D. (1998), «Discussion of "Are accruals during initial public offerings opportunistic?" », *Review of Accounting Studies*, Vol. 3, N° 1 -2, p. 209-221.

Beneish, M.D. (2001), «Earnings management: A perspective», *Managerial Finance*, Vol. 27, N° 12, p. 3-17.

Benveniste, L.M. and Busaba, W.Y. (1997), «Bookbuilding vs. fixed price: An analysis of competing strategies for marketing IPOs», *Journal of Financial and Quantitative Analysis*, Vol. 32, N° 4, p. 383-403.

Benveniste, L.M. and Spindt, P.A. (1989), «How investment bankers determine the offer price and allocation of new issues», *Journal of Financial Economics*, Vol. 24, N° 2, p. 343-362.

Bhabra, H.S. and Pettway, R.B. (2003), «IPO prospectus information and subsequent performance», *Financial Review*, Vol. 38, N° 3, p. 369-397.

Booth, J.R. and Smith, R.L. (1986), «Capital raising, underwriting and the certification hypothesis», *Journal of Financial Economics*, Vol. 58, N° 1-2, p. 261-281.

Bortolotti, B., D'Souza, J., Fantini, M. and Megginson, W.L. (2002), «Privatization and the sources of performance improvement in the global telecommunications industry», Telecommunications Policy, Vol. 26, N° 5-6, p. 243-268.

Boubaker, S.and F. Labégorre (2008), «Ownership Structure, Corporate Governance and analyst following: a study of French listed firms», *Journal of Banking and Finance*, Vol. 32, p. 961-976.

Boubakri, N. and Cosset, J.-C. (1998), «The financial and operating performance of newly privatized firms: Evidence from developing countries», *Journal of Finance*, Vol. 53, N° 3, p. 1081-1110.

Bowen, R.B., Burgstahler, D. and Daley, L.A. (1986), «Evidence on the relationships between earnings and various measures of cash flow», *Accounting Review*, Vol. 61, N° 4, p. 713-725.

Bowman, RG. and Navissi, F. (2003), «Earnings management and abnormal returns: Evidence from the 1970-1972 price control regulations», *Accounting and Finance*, Vol. 43, N° 1, p. 1-19.

Boycko, M., Shleifer, A. and Vishny, RW. (1996), «A theory of privatisation», *Economic Journal*, Vol. 106, N° 435, p. 309-319.

Brada, J.C. (1996), « Privatization is transition - or is it? », *Journal of Economic Perspectives,* Vol. 10, N° 2, p. 67-86.

Brau, J. C., & Fawcett, S. E. (2006). « Initial public offerings: An analysis of theory and practice». *Journal of Finance*, Vol. 61, N° 2, p. 399-436.

Brav, A. (2000), «Inference in long-horizon event studies: A Bayesian approach with application to initial public offerings», *Journal of Finance*, Vol. 55, N° 5, p. 1979-2016.

Brav, A., Geczy, C. and Gompers, P.A. (2000), «Is the abnormal return following equity issuances anomalous?», *Journal of Financial Economics*, Vol. 56, N° 2, p. 209-249.

Brav, A. and Gompers, P.A. (1997), «Myth or reality? The long-run underperformance of initial public offerings: Evidence from venture and non venture capital-backed companies», *Journal of Finance*, Vol. 52, N° 5, p. 1791-1821.

Brennan, M.J. and Franks, J. (1997), «Underpricing, ownership and control in initial public offerings of equity securities in the UK», *Journal of Financial Economics*, Vol. 45, N° 3, p. 391-413.

Broome, O. W. (2004), «Statement of cash flows: Time for change!», *Financial Analysts Journal,* Vol. 60, N° 2, p. 16-22.

Burgstahler, D. and Dichev, L. (1997), «Earnings management to avoid earnings decreases and losses», *Journal of Accounting and Economics*, Vol. 24, N° 1, p. 99-126.

Burrowes, A. and Jones, K (2004), «Initial public offerings: Evidence from the UK», *Managerial Finance*, Vol. 30, N° 1, p. 46-62.

Byoun S. (2002), «Stock performance following seasoned stock-warrant unit offerings», *Journal of Business*, p. 1-27.

Byoun S. and Moore W.T. (2003), «Stock vs. stock-warrant units: evidence from seasoned offerings», *Journal of Corporate Finance,* Vol. 9, p. 575-590.

Cai, J. and Loughran, T. (1998), «The performance of Japanese seasoned equity offerings, 1971-1992», *Pacifc-Basin Finance Journal*, Vol. 6, N° 5, p. 395-425.

Cai, J. and Wei, KC.J. (1997), «The investment and operating performance of Japanese initial public offerings», *Pacifc-Basin Finance Journal*, Vol. 5, N° 4, p. 389-417.

Camerer, C. (1989), «Bubbles and fads in asset prices», *Journal of Economic Surveys*, Vol. 3, N° 1, p. 3-41.

Cai X. et al. (2008), The long-run performance of initial public offerings and its determinants: The case of China», *Review of Quantitative Finance and Accounting,* Vol. 30, p. 419-432.

Carter R.B., Dark F.H., and Singh A.K. (1998), «Underwriter reputation, Initial returns and the long-run performance of IPO stocks», *Journal of Finance,* Vol. 53, p. 285-311.

Chan K.C., et al. (2002), «Underpricing and long-term performance of IPOs in China, *Journal of Corporate Finance,* Vol. 10, p. 409-430.

Chaney, P.K. and Lewis, C.M. (1995), «Earnings management and firm valuation under asymmetric information», *Journal of Corporate Finance*, Vol. 1, N° 3-4, p. 319-345.

Chen, G., Firth, M. and Kim, J.-B. (2004), «IPO underpricing,in China's new stock markets», *Journal of Multinational Financial Management*, Vol. 14, N° 3, p. 283-302.

Chemmanur T.J. (1993), «The pricing of initial public offerings: A dynamic model with information production», *Journal of Finance,* Vol. 48, p. 285-304.

Chemmanur T.J. and Fulghieri P. (1997), «Why include warrants in new equity issues? A theory of unit IPOs», *Journal of Finance,* Vol. 49, p. 57-79.

Chemmanur T.J. and Fulghieri P. (1999), «A theory of the going-public decision», *Review of Financial Studies,* Vol. 12, p. 249-279.

Chen H., et al. (2008), «A theory of the transition to secondary market trading of IPOs», *Journal of Financial Economics,* Vol. 90, p. 219-236.

Chi J. and Padgett C. (2005), «The performance and long-run characteristics of the Chinese IPO market», *Pacific Economic Review,* Vol. 10, N° 4, p. 451-469.

Chowdhry, B. and Sherman, A. (1996a), «*The winner*'s curse and international methods of allocating initial public offerings», *Pacifc-Basin Finance Journal,* Vol. 4, N° 1, p. 15-30.

Chowdhry, B. and Sherman, A (1996b), «International differences in oversubscription and underpricing of IPOs», *Journal of Corporate Finance*, Vol. 2, N° 4, p. 359-381.

Claessens, S., Djankov, S. and Lang, L.H.P. (2000), «The separation of ownership and control in East Asian corporations», *Journal of Financial Economics*, Vol. 58, N° 1-2, p. 81-112.

Clarke, I., Dunbar, C. and Kahle, K. (2004), «The long-run performance of secondary equity issues: A test of the windows of opportunity hypothesis», *Journal of Business*, Vol. 77, N° 3, p. 575-603.

Coakley, J., Hadass, L. and Wood, A. (2004), «Post-IPO operating performance, venture capitalists and market timing», Working Paper, University of Essex, UK.

Comstock, A., Kish, R.J. and Vasconcellos, G.M. (2003), «The post-privatization financial performance of former state-owned enterprises», *Journal of International Financial Markets*, Institutions and Money, Vol. 13, N° 1, p. 19-37.

Conrad, I. and Kaul, G. (1993), «Long-term market overreaction or biases in computed returs?», *Journal of Finance*, Vol. 48, N° 1, p. 39-63.

Corhay, A., Teo, S. and Rad, A.T. (2002), «The long run performance of Malaysian initial public offerings (IPOs): Value and growth effects», *Managerial Finance*, Vol. 28, N° 2, p. 52-65.

Da Silva Rosa, R., Velayuthen, G. and Walter, T. (2003), «The sharemarket performance of Australian venture capital-backed and non-venture capital-backed IPOs», *Pacifc-Basin Finance Journal,* Vol. 11, N° 2, p. 197-218.

Dawson, S.M. (1987), «Secondary stock market performance of initial public offers, Hong Kong, Singapore and Malaysia: 1978-1984», *Journal of Business Finance and Accounting,* Vol. 14, N° 1, p. 65-76.

De Bondt, W.F.M. and Thaler, R. (1985), «Does the stock market overreact?», *Journal of Finance,* Vol. 40, N° 3, p. 793-805.

De Bondt, W.F.M. and Thaler, R. (1987), «Further evidence on investor overreaction and stock market seasonality», *Journal of Finance,* Vol. 42, N° 3, p. 557-581.

DeAngelo, L.E. (1986), «Accounting numbers as market valuation substitutes: A study of management buyouts of public stockholders», *Accounting Review,* Vol. 61, N° 3, p. 400-420.

Dechow, P.M. (1994), «Accounting earnings and cash flows as measures of firm performance: The role of accounting accruals», *Journal of Accounting and Economics,* Vol. 18, N° 1, p. 3-42.

Dechow, P.M. and Skinner, D.J. (2000), «Earnings management: Reconciling the views of accounting academics, practitioners, and regulators», *Accounting Horizons,* Vol. 14, N° 2, p. 235-250.

Dechow, P.M., Sloan, RG. and Sweeney, A.P. (1995), «Detecting earnings management», *Accounting Review,* Vol. 70, N° 2, p. 193-225.

DeFond, M.L. and Jiambalvo, J. (1994), «Debt covenant violation and manipulation of accruals», *Journal of Accounting and Economics,* Vol. 17, N° 1-2, p. 145-176.

Degeorge, F .et Derrien. F ., (2001), « Les déterminants de la performance à long terme des introductions en bourse : Le cas français », *Banques et marchés,* n° 55, p. 8-18.

Degeorge, F. and Zeckhauser, R. (1993), «The reverse LBO decision and firm performance: Theory and evidence», *Journal of Finance,* Vol. 48, N° 4, p. 1323-1348.

Demsetz, H. (1983), «The structure of ownership and the theory of the firm», *Journal of Law and Economics,* Vol. 26, N° 2, p. 375-390.

Denis, C. and Michel, M. (1996), «Decisions, decisions», *CA Magazine,* September, Vol. 129, N° 7, p. 38-41.

Department of Statistics (2005), Statistiques disponibles sur internet à: http://ww.statistics.gov.my/.

Dewenter, KL., and Malatesta, P.H. (1997), «Public offerings of state-owned and privately-owned enterprises: An international comparison», *Journal of Finance,* Vol. 52, N° 4, p. 1659-1679.

Dhaliwal, D.S., Gleason, C.A. and Mils, L.F. (2004), «Last-chance earnings management: Using the tax expense to meet analysts» forecasts», *Contemporary Accounting Research*, Vol. 21, N° 2, p. 431-459

Downes, D.H. and Heinkel, R. (1982), «Signalling and the valuation of unseasoned new issues», *Journal of Finance*, Vol. 37, N° 1, p. 1-10.

Drobetz W. et al. (2005), Long-run performance of initial public offerings: The evidence for Switzerland, *Schmalenbach Business Review,* Vol. 57, p. 253-275.

De Souza, J. and Megginson, W.L. (1999), «The financial and operating performance of privatized firms during the 1990s», *Journal of Finance*, Vol. 54, N° 4, p. 1397-1438.

Drew, M.E. and Veeraraghavan, M. (2002), «A closer look, at the size and value premium in emerging markets: Evidence from the Kuala Lumpur Stock Exchange», *Asian Economic Journal*, Vol. 16, N° 4, p. 337-351.

DuCharme, L.L., Malatesta, P.H. and Sefcik, S.E. (2001), «Earnings management: IPO valuation and subsequent performance», *Journal of Accounting, Auditing and Finance*, Vol. 16, N° 4, p. 369-396.

DuChare, L.L., Malatesta, P.H. and Sefcik, S.E. (2004), «Earnings management, stock issues, and shareholder lawsuits», *Journal of Financial Economics*, Vol. 71, N° 1, p. 27-49.

Dunbar, C. (2000), «Factors affecting investment bank initial public offering market share», *Journal of Financial Economics*, Vol. 55, N° 1, p. 3-41.

Durukan, M.B. (2002), «The relationship between IPO returns and factors influencing IPO performance: Case of Istanbul Stock Exchange», *Managerial Finance*, Vol. 28, N° 2, p. 18-38.

Eckbo B.E. and Norli O. (2005), «Liquidity risk, leverage and long-run IPO returns», *Journal of Corporate Finance*, Vol. 11, p. 1-35.

Eckbo B.E., Masulis R.W. and Norli O. (2000), « Seasoned public offerings: Resolution of the New issues Puzzle», *Journal of Financial Economics,* Vol 56, N° 2, p. 251-291.

Espenlaub S. and Tonks I. (1998), "Post-IPO directors' sales and reissuing activity: An empirical test of IPO signalling models", *Journal of Business, Finance and Accounting*, Vol. 25, p. 1037-1080.

Espenlaub S., Garrett I. and Mun W.P. (1999), "Conflicts of interest and the performance of venture-capital-backed IPOs: A preliminary look at the UK", *Venture Capital,* N° 4, p. 325-349.

Espenlaub S., Gregory A. and Tonks I. (2000), "Re-assessing the long-term underperformance of UK Initial Public Offerings", *European Financial Management* Vol. 6, N° 3, p. 319-342.

Erickson, M. and Wang, S.-W. (1999), «Earnings management by acquiring firms in stock for stock mergers», *Journal of Accounting and Economics*, Vol. 27, N° 2, p. 149-176.

Espenlaub, S., Goergen, M. and Khurshed, A. (2001), «IPO lock-in agreements in the UK»,*Journal of Business Finance and Accounting*, Vol. 28, N° 9-10, p. 1235-1278.

Fama E.F. (1998), « Market efficiency, long-term returns and behavioural finance», *Journal of Financial Economics,* Vol. 49, p. 283-306.

Fama, E.F. and French, KR. (1992), «The cross-section of expected stock returns», *Journal of Finance*, Vol. 47, N° 2, p. 427-465.

Fama, E.F. and French, K.R. (1993), «Common risk factors in the returns on stocks and bonds», *Journal of Financial Economics*, Vol. 33, N° 1, p. 3-56.

Fama, E.F. and Jensen, M.C. (1983), «Separation of ownership and control», *Journal of Law and Economics*, Vol. 26, N° 2, p. 301-325.

Firth, M. (1997), «An analysis of the stock market performance of new issues in New Zealand», *Pacifc-Basin Finance Journal*, Vol. 5, N° 1, p. 63-87.

Fishe, R.P.H. (2002), «How stock flippers affects IPO pricing and stabilization», *Journal of Financial and Quantitative Analysis*, Vol. 37, N° 2, p. 319-340.

Friedlan, J .M. (1994), «Accounting choices of issuers of initial public offerings», *Contemporary Accounting Research*, Vol. 11, N° 1, p. 1-31.

Garner J.L. and Marshal B.B. (2004), Unit IPOs: The who, when, and why of warrant amendment, *The Journal of Financial Research*, Vol. 27, N° 2, p. 217-233.

Garner J.L. and Marshal B.B. (2005), Unit IPOs: What the warrant characteristics reveal about the issuing firm, *The Journal of Business,* Vol. 78, N° 5, p. 1837-1858.

Gaver, J.J., Gaver, KM. and Austin, J.R. (1995), «Additional evidence on bonus plans and income management», *Journal of Accounting and Economics,* Vol. 19, N° 1, p. 3-28.

Gibson S. (2004), «Smart investments by smart money: Evidence from seasoned equity offerings, *Journal of Financial Economics,* Vol. 72, p. 605-632.

Goergen, M. (1998), *Corporate Governance and Financial Performance: A Study of German and UK Initial Public Offerings*, Edward Elgar Publishing, Cheltenham, UK.

Goergen M.,Khurshed A, and Mudambi R. (2006), «The strategy of going public: How UK firms choose their listing contracts, *Journal of Business Finance and Accounting,* Vol. 33, N° 1, p. 79-101.

Gompers P. and Lerner J. (2003), «The really long-run performance of initial public offerings: The pre-Nasdaq evidence, *Journal of Finance,* Vol. 58, N° 4, p. 1355-1392.

Goodacre A. et al. (2007), «The long run share price performance of Malaysian initial public offerings (IPOs), *Journal of Business Finance & Accounting,* Vol. 34, N° 1, p. 78-110

Grinblatt M. and Hwang C.Y. (1989), «Signalling and the pricing of new issues, *Journal of Finance*, Vol. 44, p. 393-420.

Guay, W.R., Kothari, S.P. and Watts, R.L. (1996), «A market-based evaluation of discretionary accrual models», *Journal of Accounting Research*, Supplement, Vol. 34, N° 3, p. 83-105.

Habib, M.A. and Ljungqvist, A.P. (2001), «Underpricing and entrepreneurial wealth losses in IPOs: Theory and evidence», *Review of Financial Studies*, Vol. 14, N° 2, p. 433-458.

Hand, J.R. (1989), «Did firms undertake debt-equity swaps for an accounting paper profit or true financial gain? », *Accounting Review*, Vol. 64, N° 4, p. 587-623.

Hansen, R.S. and Crutchley, C. (1990), «Corporate earnings and financings: An empirical analysis», *Journal of Business*, Vol. 63, N° 3, p. 347-371.

Harjoto M. (2003), «Why do IPO firms conduct primary seasoned equity offerings?, *The Financial Review,* Vol. 38, p. 103-125.

Healy, P.M. (1985), «The effect of bonus schemes on accounting choices», *Journal of Accounting and Economics*, Vol. 7, N° 1-3, p. 85-107.

Healy, P.M. (1996), «Discussion of a market-based evaluation of discretionary accrual models», *Journal of Accounting Research*, Supplement, Vol. 34, N° 3, p. 107-115.

Healy, P.M. and Wahlen, J.M. (1999), «A review of the earnings management literature and its implications for standard setting», *Accounting Horizons*, Vol. 13, N° 4, p. 365-383.

Ho, K.Y. (2003), «Long-run stock price performance after IPOs: What do tests for stochastic dominance tell us?», *Applied Economic Letters*, Vol. 10, N° 1, p. 15-19.

Hofstede, G. (2001), *Cultures Consequences: Comparing Values, Behaviors, Institutions and Organizations across Nations*, Second edition, Sage Publications, Thousand Oaks, CA.

Holthausen, RW. and Larcker, D.F. (1996), «The financial performance of reverse leveraged buyouts», *Journal of Financial Economics*, Vol. 42, N° 3, p. 293-300.

How, J., Jelic, R., Saadouni, B., & Verhoeven, P. (2007). « Share allocation and the performance of the KLSE second board IPOs», *Pacific-Basin Finance Journal,* Vol. 15, p. 292–317.

Howe J.S. and Su T. (2001), «Discretionary reductions in warrant exercise prices», *Journal of Financial Economics* Vol. 61, p. 227-252.

Howe J.S. and Wei P. (1993), «The valuation effects of warrant life extensions», *Journal of Finance,* Vol. 48, p. 305-314.

Howe J.S. et al. (2005), «Completely predictable and fully anticipated? Step ups in warrant exercise prices, », *Applied Economics Letters*, 12, p. 561-565.

Huang, Y.-S. (1999), «The price behaviour of initial public offerings on the Taiwan Stock Exchange», *Applied Financial Economics*, Vol. 9, N° 2, p. 201-208.

Huang, G. and Song, F.M. (2005), «The financial and operating performance of China's newly listed H-firms», *Pacifc-Basin Finance Journal*, Vol. 13, N° 1, p. 53-80.

Hughes, P.J. and Thakor, A.V. (1992), «Litigation risk, intermediation, and the underpricing of initial public offerings», *Review of Financial Studies*, Vol. 5, N° 4, p. 709-742.

Hwang, C.-Y. and Jayaraman, N. (1995), «Long-term performance of IPOs and non-IPOs: Evidence from the firms listed on the Tokyo Stock Exchange», *Advances in Pacifc Basin Financial Markets*, Vol. 1, p. 317-337.

Ibbotson, RG. (1975), «Price performance of common stock new issues», *Journal of Financial Economics*, Vol. 2, N° 3, p. 235-272.

Ibbotson, RG., Sindelar, J.L. and Ritter, J.R. (1994), «The market»s problems with the pricing of initial public offerings», *Journal of Applied Corporate Finance*, Vol. 7, N° 1, p. 66-74.

Ibbotson, RG. and Ritter, J.R. (1995), «Initial public offerings», in Jarrow, R.A., Maksimovic,V. and Ziemba, W.T., eds., *Handbooks of Operations Research and Management Science*, Vol. 9, Chapter 30, p. 993-1016.

Iqbal, A.M. (2002), *Earnings management and the performance of UK seasoned equity offerings*, Unpublished Ph.D. Thesis, University of Manchester, UK.

Iqbal, A.M., Espenlaub, S. and Strong, N. (2004), «Earnings management around UK open offers», Working Paper, University of Kent and University of Manchester, UK

Jaffe, J.I. (1974), «Special information and insider trading», *Journal of Business*, Vol. 47, N° 3, p. 410-428.

Jaggi, B. (1997), «Accuracy of forecast information disclosed in the IPO prospectuses of Hong Kong companies», *International Journal of Accounting*, Vol. 32, N° 3, p. 301-319.

Jain, B.A. and Kini, O. (1994), «The post-issue operating performance of IPO firms», *Journal of Finance*, Vol. 49, N° 5, p. 1699-1726.

Jain, B.A. and Kini, O. (1995), «Venture capitalist participation and the post-issue operating performance of IPO firms», *Managerial and Decision Economics*, Vol. 16, N° 6, p. 593-606.

Jakobsen, IB. and Sorensen O. (2001), «Decomposing and testing long-term returs: An application on Danish IPOs», *European Financial Management*, Vol. 7, N° 3, p. 393-417.

Jelic, R., Saadouni, B. and Briston, R. (2001), «Performance of Malaysian IPOs: Underwriters reputation and management earnings forecasts», *Pacifc-Basin Finance Journal*, Vol. 9, N° 5, p. 457-486.

Jelic, R. (2008), « To Disclose or not to Disclose: Earnings Forecasts in IPO Prospectuses», European Financial Management Symposium on Initial Public Offerings at Oxford University – Said Business School.

Jenkinson, T. and Ljungqvist, A. (2001), *Going Public: The Theory and Evidence of How Companies Raise Equity Finance*, Second edition, Oxford University Press, New York.

Jensen, M.C. (1986), «The agency costs of free cash flow: Corporate finance and takeovers», *American Economic Review*, Vol. 76, N° 2, p. 323-329.

Jensen, M.C. and Meckling, W.H. (1976), «Theory of the firm: Managerial behavior, agency costs and ownership structure», *Journal of Financial Economics*, Vol. 3, N° 4, p. 305-360.

Jeter, D.C. and Shivakumar, L. (1999), «Cross-sectional estimation of abnormal accruals using quarterly and annual data: Effectiveness in detecting event-specific earnmgs management», *Accounting and Business Research*, Vol. 29, N°4, p. 299-319.

Jegadeesh N. (2000), «Long-run performance of seasoned equity offerings: Benchmark errors and biases in expectations», *Financial Management*, Vol. 29, p. 5-30.

Jensen M. (1986), «The agency cost of free cash flow, corporate finance and takeovers», *American Economic Review*, Vol. 76, p. 323-329.

Jensen M. et al. (1999), «Agency problems and the simultaneity of financial decision making: The role of institutional ownership», *International Review of Financial Analysis* Vol. 8, p. 177-197.

Jones, J.J. (1991), «Earnings management during import relief investigations», *Journal of Accounting Research*, Vol. 29, N° 2, p. 193-228.

Jones, S.L., Megginson, W.L., Nash, RC. and Netter, J.M. (1999), «Share issue privatizations as financial means to political and economic ends», *Journal of Financial Economics*, Vol. 53, N° 2, p. 217-253.

Kabir, Rand Roosenboom, P. (2003), «Can the stock market anticipate future operating performance? Evidence from equity rights issues», *Journal of Corporate Finance*, Vol. 9, N° 1, p. 93-113.

Kandel, S., Sarig, O. and Wohl, A. (1999), «The demand for stocks: An analysis of IPO auctions», *Review of Financial Studies*, Vol. 12, N° 2, p. 227-247.

Kaplan, R.S. (1985), «Comments on Paul Healy: Evidence on the effect of bonus schemes on accounting procedure and accrual decisions», *Journal of Accounting and Economics*, Vol. 7, N° 1-3, p. 109-113.

Kaplan, S.N. (1989), «The effects of management buyouts on operating performance and value», *Journal of Financial Economics*, Vol. 24, N° 2, p. 217-254.

Kasznik, R. (1999), «On the association between voluntary disclosure and earnings management», *Journal of Accounting Research*, Vol. 37, N° 1, p. 57-81.

Keasey K. and Short H. (1992) «The winner's curse model of underpricing: A critical assessment, *Accounting and Business Research,* Vol. 23, N° 89, p. 74-78.

Keasey, K. and Short, H. (1992), «The underpricing of initial public offerings: Some UK evidence», *OMEGA International Journal of Management Science*, Vol. 20, N° 4, p. 457-466.

Keasey K. and Short H. (1997), «Equity retention and initial public offerings: the influence of signalling and entrenchment, *Applied Financial Economics,* Vol. 7, p. 75-85.

Keloharju, M. (1993), «The winner's curse, legal liability, and the long-run price performance of initial public offerings in Finland», *Journal of Financial Economics*, Vol. 34, N° 2, p. 251-277.

Khurshed, A., Mudambi, R. and Goergen, M. (1999), «On the long-run performance of IPOs», Working Paper, University of Reading and UMIST, UK.

Khurshed, A., Paleari, S. and Vismara, S. (2003), «The operating performance of initial public offerings: The UK experience», Working Paper, University of Manchester, United Kingdom and University of Bergamo, Italy.

Kim, J-B., Krinsky, 1. and Lee, J. (1995), «The aftermarket performance of initial public offerings in Korea», *Pacifc-Basin Finance Journal*, Vol. 3, N° 4, p. 429-448.

Kim, K.A., Kitsabunnarat, P. and Nofsinger, J.R. (2004), «Ownership and operating performance in an emerging market: Evidence from Thai IPO firms», *Journal of Corporate Finance*, Vol. 10, N° 3, p. 355-381.

Kim Y.C. and Ritter R.J. (1999), «Valuing IPOs, *Journal of Financial Economics* Vol. 53, N° 3, p. 409-437.

Kim, Y. and Park, M.S. (2005), «Pricing of seasoned equity offers and earnings management», *Journal of Financial and Quantitative Analysis*, Vol. 40, N° 2, p. 435-463.

Kiymaz, H. (2000), «The initial and aftermarket performance of IPOs in an emerging market: Evidence from Istanbul Stock Exchange», *Journal of Multinational Financial Management*, Vol. 10, N° 2, p. 213-227.

Koh, P. (2004), «Corporate governance in Malaysia: Current reforms in light of post 1998 crisis», Working Paper, available on the internet at http: //biz.korea.ac.krr aicg/paper _ 2nd/Recent_ corporate _governance.pdf as at 30/3/2004.

Koh, F. and Walter, T. (1989), «A direct test of Rock s model of the pricing of unseasoned issues», *Journal of Financial Economics*, Vol. 23, N° 2, p. 251-272.

Kooli, M. and Suret, J.-M. (2004), «The aftermarket performance of initial public offerings in Canada», *Journal of Multinational Financial Management,* Vol. 14, N° 1, p. 47-66.

Koon, H.P. (1997), «The new economic policy and the Chinese community in Peninsular Malaysia», Vol. 35, N° 3, p. 262-292.

Kothari, S.P, Leone, A.J. and Wasley, C.E. (2005), «Performance matched discretionary accrual measures», *Journal of Accounting and Economics*, Vol. 39, N° 1, p. 163-197.

Kothari, S.P. and Warner, J.B. (1997), «Measuring long-horizon security performance», *Journal of Financial Economics*, Vol. 43, N° 3, p. 301-339.

Kothari, S.P. and Warner, IB. (2004), «Econometrics of event studies», in Eckbo, B.E., ed., (forthcoming), Handbook of Corporate Finance: Empirical Corporate Finance, Handbooks in Finance Series, Elsevier/North Holland, Chapter 1.

Krigman, L., Shaw, W.H. and Womack, KL. (1999), «The persistence ofIPO mispricing and the predictive power of flipping», *Journal of Finance*, Vol. 54, N° 3, p. 1015-1044.

Kritzman, M.P. (1994), «What practitioners need to know... about event studies», *Financial Analysts Journal*, Vol. 50, N° 6, p. 16-20.

Ku Ismail, KN.I., Zainal Abidin, F. and Zainudin, N. (1993), «Performance of new stock issues on the KLSE», *Capital Market Review*, Vol. 1, N° 1, p. 81-95.

Kun, RM. and Aggarwal, R (1994), «Why initial public offerings are underpriced: Evidence from Switzerland», *Journal of Banking and Finance*, Vol. 18, N° 4, p. 705-723.

Kutsuna, K., Okamura, H. and Cowling, M. (2002), «Ownership structure pre- and post-IPOs and the operating performance of JASDAQ companies», *Pacifc-Basin Finance Journal*, Vol. 10, N° 2, p. 163-181.

LaPorta, R., Lopez-de-Silanes, F. and Shleifer, A. (1999), «Corporate ownership around the world», *Journal of Finance*, Vol. 54, N° 2, p. 471-517.

Lee, P.J., Taylor, S.L. and Walter, T.S. (1996a), «Expected and realised returns for Singaporean IPOs: Initial and long-run analysis», *Pacifc-Basin Finance Journal*, Vol. 4, N° 2-3, p. 153-180.

Lee, P.J., Taylor, S.L. and Walter, T.S. (1996b), «Australian IPO pricing in the short and long run», *Journal of Banking and Finance*, Vol. 20, N° 7, p. 1189-1210.

Lee M., Lee P., and Taylor S. (2003), «Unit initial public offerings: Staged equity or signaling mechanism? »*Accounting and Finance,* Vol. 43, p. 63-85.

Leland, H.E. and Pyle, D.H. (1977), «Information asymmetries, financial structure, and financial intermediation», *Journal of Finance*, Vol. 32, N° 2, p. 371-387.

Leuz, C., Nanda, D. and Wysocki, P.D. (2003), «Earnings management and investor protection: An international comparison», *Journal of Financial Economics*, Vol. 69, N° 3, p. 505-527.

Levis, M. (1990), «The winner's curse problem, interest costs and the underpricing of initial public offerings», *Economic Journal*, Vol. 100, N° 399, p. 76-89.

Levis, M. (1993), «The long-run performance of initial public offerings: The UK experience 1980- 1 988 », *Financial Management*, Vol. 22, N° 1, p. 28-41.

Liberty, S.E. and Zimmerman, J.L (1986), «Labor union contract negotiations and accounting choices», *Accounting Review*, Vol. 61, N° 4, p. 692-712.

Limmack, RJ. (2003), «Discussion of glamour acquirers, method of payment and post-acquisition performance: The UK evidence», *Journal of Business Finance and Accounting*, Vol. 30, N° 1-2, p. 343-350.

Ljungqvist, AP. (1997), «Pricing initial public offerings: Further evidence from Germany», *European Economic Review*, Vol. 41, N° 7, p. 1309-1320.

Ljungqvist, AP. (2005), «IPO underpricing», in Eckbo, RE., ed., (forthcoming), Handbook of Corporate Finance: Empirical Corporate Finance, Chapter 12, Handbooks in Finance Series, Elsevier/North Holland.

Loughran, T. (1993), «NYSE vs. NASDAQ returns: Market microstructure or the poor performance of initial public offerings? », *Journal of Financial Economics*, Vol. 33, N° 2, p. 241-260.

Loughran, T. and Ritter, J.R (1995), «The new issues puzzle», *Journal of Finance*, Vol. 50, N° 1, p. 23-51.

Loughran, T. and Ritter, J. R. (1997), «The operating performance of firms conducting seasoned equity offerings», *Journal of Finance*, Vol. 52, N° 5, p. 1823-1850.

Loughran, T. and Ritter, J.R. (2000), «Uniformly least powerful tests of market efficiency», *Journal of Financial Economics*, Vol. 55, N° 3, p. 361-389.

Loughran, T., Ritter, J.R and Rydqvist, K. (1994), «Initial public earnings: International insights», *Pacifc-Basin Finance Journal*, Vol. 2, N° 2-3, p. 165-199.

Loughran T. and Ritter J.R. (2004), « Why has IPO underpricing changed over time?», *Financial Management*, Vol. 33, p. 5-37.

Louis, H. (2004), «Earnings management and the market performance of acquiring firms», *Journal of Financial Economics*, Vol. 74, N° 1, p. 121-148.

Lyon, J.D., Barber, B.M. and Tsai, C.-L. (1999), «Improved methods for tests of long-run abnormal stock returns», *Journal of Finance*, Vol. 54, N° 1, p. 165-201.

Mahathir Mohamad (2001), «The way forward - Vision 2020», Working Paper, available on http://ww.wawasan2020.com/vision/ as at 24 May 2005.

Marshall B.B. (2005), «Unit IPOs: What the warrant characteristics reveal about the issuing firm, *The Journal of Business*, Vol. 78, N° 5, p. 1837-1858.

Marshall B.B. and Garner J.L. (2004), «Unit IPOs: The who, when, and why of warrant amendment», *Journal of Financial Research*, N° 2, p. 217-233.

Marquardt, C.A and Wiedman, C.L (2004a), «The effect of earnings management on the value relevance of accounting information», *Journal of Business Finance and Accounting*, Vol. 31, N° 3-4, p. 297-332.

Marquardt, C.A and Wiedman, C.L (2004b), «How are earnings managed? An examination of specific accruals», *Contemporary Accounting Research*, Vol. 21, N° 2, p. 461-491.

Masulis R. and Korwar A.N. (1986), « Seasoned Equity Offerings: An empirical Investigation», *Journal of Financial Economics,* Vol. 15, p. 91-118.

Mathew, P.G. (2002), «Long-horizon seasoned equity offerings performance in Pacific Rim markets», *Review of Financial Economics*, Vol. 11, N° 4, p. 317-333.

Mazouz K. and Li X. (2007), «The overreaction hypothesis in the UK market: Empirical analysis, *Applied Financial Economics,* Vol. 17, p. 1101-1111.

Mazouz K. et al. (2007a), « The long-term performance of Hong Kong share-only and unit initial public offerings (IPOs) », *Journal of Multinational Financial Management*, p. 1-18.

McConaughy, D.L., Walker, M.C., Henderson, G.V. and Mishra, C.S. (1998), «Founding family controlled firms: Efficiency and value», *Review of Financial Economics*, Vol. 7, N° 1, p. 1-19.

McGuinness, P. (1992), «An examination of the underpricing of initial public offerings in Hong Kong: 1980-1990», *Journal of Business Finance and Accounting*, Vol. 19, N° 2, p. 165-186.

McKinnon, Rand Schnabl, G. (2004), «The East Asian dollar standard, fear of floating, and original sin», *Review of Development Economics,* Vol. 8, N° 3, p. 331-360.

McLaugWin, R, Safieddine, A. and Vasudevan, G. K. (1996), «The operating performance of seasoned equity issuers: Free cash flow and post-issue performance», *Financial Management*, Vol. 25, N° 4, p. 41-53.

McNichols, M.F. (2000), «Research design issues in earnings management studies», *Journal of Accounting and Public Policy*, Vol. 19, N° 4-5, p. 313-345.

McNichols, M.F. and Wilson, G.P. (1988), «Evidence of earnings management from the provision of bad debts», *Journal of Accounting Research*, Supplement, Vol. 26, p. 1-31.

Megginson, W.L., Nash, RC. and Randenborgh, M.V. (1994), «The financial and operating performance of newly privatized firms: An international empirical analysis», *Journal of Finance*, Vol. 49, N° 2, p. 403-452.

Megginson, W.L., Nash, RC., Netter, J.M. and Schwartz, A.L. (2000), «The long term return to investors in share issue privatizations», *Financial Management*, Vol. 29, N° 1, p. 67-77.

Megginson, W.L. and Netter, J.M. (2001), «From state to market: A survey of empirical studies on privatization», *Journal of Economic Literature*, Vol. 39, N° 2, p. 321-389.

Menyah, K., Paudyal, K. and Inyangete, e.G. (1995), «Subscriber return, underpricing, and long-term performance of UK privatization initial public offers», *Journal of Economics and Business,* Vol. 47, N° 5, p. 473-495.

Michaely, R. and Shaw, W.H. (1994), «The pricing of initial public offerings: Tests of adverse selection and signalling theories», *Review of Financial Studies*, Vol. 7, N° 2, p. 279-319.

Mikkelson, W.H., Partch, M.M. and Shah, K. (1997), «Ownership and operating performance of companies that go public», *Journal of Financial Economics*, Vol. 44, N° 3, p. 281-307.

Miler, E.M. (1977), «Risk, uncertainty, and divergence of opinion», *Journal of Finance*, Vol. 32, N° 4, p. 1151-1168.

Miloud, T., (2000), *Les introductions en Bourse, la structure de propriété et la création de valeur*, Thèse en Sciences de gestion, Université Catholique de Louvrain, Institut d'administration et de Gestion.

Mitchell, M.L. and Stafford, E. (2000), «Managerial decisions and long-term stock price performance», *Journal of Business*, Vol. 73, N° 3, p. 287-329.

Mohamad, S., Nassir, A.M. and Ariff, M. (1994), «Analysis of underpricing in the Malaysian new issues market during 1975-1990: Are new issues excessively underpriced? », in Ariff, M., Mohamad, S. and Nassir, A.M., eds., (1998), *Stock Pricing in Malaysia: Corporate Financial and Investment Management*, Chapter 9, p. 90-97.

Mohd Saleh, N. and Ahmed, K. (2005), «Earnings management of distressed firms during debt renegotiation», *Accounting and Business Research*, Vol. 35, N° 1, p. 69-86.

Mok, H.M.K. and Hui, Y.V. (1998), « Underpricing and aftermarket performance of IPOs in Shanghai, China», *Pacifc-Basin Finance Journal*, Vol. 6, N° 5, p. 453-474.

Moyer, S. (1990), «Capital adequacy ratio regulations and accounting choices in commercial banks», *Journal of Accounting and Economics*, Vol. 13, N° 2, p. 123-154.

Muscarella, C. and Vetsuypens, M. (1990), «Efficiency and organizational structure: A study of reverse LBOs», *Journal of Finance*, Vol. 45, N° 5, p. 1389-1413.

Myers, S.C. and Majluf, N.S. (1984), «Corporate financing and investment decisions when firms have information that investors do not have», *Journal of Financial Economics*, Vol. 13, N° 2, p. 187-221.

Naceur, S.B. and Ghanem, H. (2001), «The short- and long-run performance of new listings in Tunisia», *International Review of Finance*, Vol. 2, N° 4, p. 235-246.

Nanda, V. and Yun, Y. (1997), «Reputation and financial intermediation: An empirical investigation of the impact of IPO Mispricing on underwriter market value», *Journal of Financial Intermediation*, Vol. 6, N° 1, p. 39-63.

Neil, J.D., Porciau, S.G. and Schaefer, T.F. (1995), «Accounting method choice and IPO valuation», *Accounting Horizons*, Vol. 9, N° 3, p. 68-80.

Nurawati A., Ahmad-Zaluki, Kevin Campbell, Alan Goodcare (2011), «Earnings management in Malaysian IPOs: The East Asian crisis, ownership control, and post-IPO performance», *The international Journal of Accounting*, Vol. 46, p. 111-137.

Netter, J., Wasserman, W. and Whitmore, G.A. (1988), *Applied Statistics*, Third edition, Allyn and Bacon, Newton.

Ow- Yong, K. and Kooi Guan, C. (2000), «Corporate governance codes: A comparison between Malaysia and the UK», *Corporate Governance: An International Review*, Vol. 8, N° 2, p. 125-132.

Pagano, M., Panetta, F. and Zingales, L. (1998), «Why do companies go public? An empirical analysis», *Journal of Finance*, Vol. 53, N° 1, p. 27-64.

Page, M.J. and Reyneke, I. (1997), «The timing and subsequent performance of initial public offerings (IPOs) on the Johannesburg Stock Exchange», *Journal of Business Finance and Accounting*, Vol. 24, N° 9-10, p. 1401-1420.

Patel, A., Emery, D.R. and Lee, Y.W. (1993), «Firm performance and security type in seasoned offerings: An empirical examination of alternative signalling models», *Journal of Financial Research*, Vol. 16, N° 3, p. 181-192.

Paudyal, K., Saadouni, B. and Briston, R.J. (1998), «Privatisation initial public offerings in Malaysia: Initial premium and long-term performance», *Pacifc-Basin Finance Journal*, Vol. 6, N° 5, p. 427-451.

Peasnell, K.V., Pope, P.F. and Young, S. (2000), «Detecting earnings management using cross-sectional abnormal accruals models», *Accounting and Business Research*, Vol. 30, N° 4, p. 313-326.

Perotti, E.C. and Guney, S.E. (1993), «The structure of privatization plans», *Financial Management*, Vol. 22, N° 1, p. 84-98.

Perry, S.E. and Wiliams, T.H. (1994), «Earnings management preceding management buyout offers», *Journal of Accounting and Economics*, Vol. 18, N° 2, p. 157-179.

Powell, R.G. and Stark, A.W. (2005), «Does operating performance increase posttakeover for UK takeovers? A comparison of performance measures and benchmarks», *Journal of Corporate Finance*, Vol. 11, N° 1-2, p. 293-317.

Purnanandam A.K. and Swaminathan B. (2004), «Are IPOs really underpriced? The *Review of Financial Studies,* Vol. 17, N° 3, p. 811-848.

Rajan, R. and Servaes, H. (1997), «Analyst following of initial public offerings», *Journal of Finance*, Vol. 52, N° 2, p. 507-529.

Rangan, S. (1998), «Earnings management and the performance of seasoned equity offerings», *Journal of Financial Economics*, Vol. 50, N° 1, p. 101-122.

Reber B., Berry B. and Toms S. (2005), « Firm resources and quality signalling: Evidence from UK initial public offerings, *Applied Financial Economics,* Vol. 15, p. 575-586.

Riley, M., Wood, R.C., Clark, M.A., Wilkie, E. and Szivas, E. (2000), *Researching and Writing Dissertations in Business and Management*, First edition, Thomson Learning, London.

Ritter, J.R. (1984), «The «hot issue» market of 1980», *Journal of Business*, Vol. 57, N° 2, p. 215-240.

Ritter, J.R. (1991), «The long-run performance of initial public offerings», *Journal of Finance*, Vol. 46, N° 1, p. 3-27.

Ritter, J.R. (1998), «Initial public offerings», in Loque, D., and Seward, 1., eds., Warren Gorham & Lamont, *Handbook of Modern Finance*, reprinted (with modifications) in Contemporary Finance Digest, Vol. 2, N° 1, p. 5-30.

Ritter, J.R. and Welch, I. (2002), «A review of IPO activity, pricing, and allocations», *Journal of Finance*, Vol. 57, N° 4, p. 1795-1828.

Rock, K. (1986), «Why new issue are underpriced», *Journal of Financial Economics*, Vol. 15, N° 1-2, p. 187-212.

Roosenboom, P., van der Goot, T. and Mertens, G. (2003), «Earnings management and initial public offerings: Evidence from the Netherlands», *International Journal of Accounting*, Vol. 38, N° 3, p. 243-266.

Ross S, (1977), « the determination of financial structure: The incentive signalling approach, *The Journal of economics* Vol. 8, p. 23-40.

Ruud, J.S. (1993), «Underwriter price support and the IPO underpricing puzzle», *Journal of Financial Economics*, Vol. 34, N° 2, p. 135-151.

Spiess D.K. and Affleck-Graves J. (1995), « Underperformance in long-run stock returns following seasoned equity offerings, *Journal of Financial Economics* Vol. 38, p. 243-267.

Spiess D.K. and Pettway R. (1997), « The IPO and first seasoned equity sale: Issue proceeds, owner/Managers wealth, and the underpricing signal, *Journal of Banking and Finance* Vol. 21, p. 967-988.

Schipper, K. (1989), «Commentary on earnings management», *Accounting Horizons*, Vol. 3, N° 4, p. 91-102.

Schultz P. (1993a), «Calls of Warrants: Timing and market reaction, *Journal of Finance*, Vol. 98, N° 2, p. 681-696.

Schultz P. (1993b), « Unit initial public offerings: A form of staged financing, *Journal of Financial Economics,* Vol. 34, p. 199-220.

Sentis, P. (2001), «Performances opérationnelles et boursières des introductions en bourses :le cas français 1991-1995», *Revue Finance*, Vol.22, p. 87-118.

Shaw, D.C. (1971), «The performance of primary common stock offerings: A Canadian comparison», *Journal of Finance*, Vol. 26, N° 5, p. 1101-1113.

Shelor, R.M. and Anderson, D.E. (1998), «The financial performance of REITs following initial public offerings», *Journal of Real Estate Research*, Vol. 16, N° 3, p. 375-388.

Shivakumar, L. (2000), «Do firms mislead investors by overstating earnings before seasoned equity offerings? », *Journal of Accounting and Economics*, Vol. 29, N° 3, p. 339-371.

Siegel, S. and Castellan, NJ. (1988), *Nonparametric Statistics for the Behavioural Sciences*, Second edition, McGraw-Hil, New York.

Smith, A.J. (1990), «Corporate ownership structure and performance: The case of management buyouts», *Journal of Financial Economics*, Vol. 27, N° 1, p. 143-164.

Smith Jr., e.W. (1986), «Investment banking and the capital, acquisition process», *Journal of Financial Economics*, Vol. 15, N° 1-2, p. 3-29.

Soffer, L.E. (2001), «Discussion: «Earnings management: IPO valuation and subsequent performance", *Journal of Accounting, Auditing and Finance*, Vol. 16, N° 4, p. 397-400.

Spiess, D.K. and Affeck-Graves, J. (1995), «Underperformance in long-run stock returns following seasoned equity offerings», *Journal of Financial Economics*, Vol. 38, N° 3, p. 243-267.

Stehle, **R., Ehrhardt, O. and Przyborowsky, R. (2000),** «Long-run stock performance of German initial public offerings and seasoned equity issues», *European Financial Management*, Vol. 6, N° 2, p. 173-196.

Stigler, G.J. (1964), «Public regulation of the securities markets», *Journal of Business*, Vol. 37, N° 2, p. 117-142.

Stoll, H.R. and Curley, A.I. (1970), «Small business and the new issues market for equities», *Journal of Financial and Quantitative Analysis*, Vol. 5, N° 3, p. 309-322.

Stoughton, N.M. and Zechner, I. (1998), «IPO mechanisms, monitoring and ownership structure», *Journal of Financial Economics*, Vol. 49, N° 1, p. 45-77.

Su, D. and Fleisher, B.M. (1999), «An empirical investigation of underpricing in Chinese IPOs», *Pacifc-Basin Finance Journal*, Vol. 7, N° 2, p. 173-202.

Sullivan, M.L. and Unite, A.A. (2001), «The influence of group affiliation and the underwriting process on emerging market IPOs: The case of the Philippines», *Pacifc-Basin Finance Journal*, Vol. 9, N° 5, p. 487-512.

Sun, Q. and Tong, W.H.S. (2002), «Malaysia privatization: A comprehensive study», *Financial Management*, Vol. 31, N° 4, p. 79-105.

Teoh, S.H., Wong, T.J. and Rao, G.T. (1998), «Are accruals during initial public offerings opportunistic?», *Review of Accounting Studies*, Vol. 3, N° 1-2, p. 175-208.

Teoh, S.H., Welch, I. and Wong, T.J. (1998a), «Earnings management and the long-run market performance of initial public offerings», *Journal of Finance*, Vol. 53, N° 6, p. 1935-1974.

Teoh, S.H., Welch, I. and Wong, T.L. (1998b), «Earnings management and the underperformance of seasoned equity offerings», *Journal of Financial Economics*, Vol. 50, N° 1, p. 63-99.

Tinic, S.M. (1988), «Anatomy of initial public offerings of common stock», *Journal of Finance*, Vol. 43, N° 4, p. 789-822.

Titman, S. and Trueman, B. (1986), «Information quality and the valuation of new issues», *Journal of Accounting and Economics*, Vol. 8, N° 2, p. 159-172.

Uhlir, H. (1989), «Going public in the F.R.G.», in Guimares, R., Kingsman, B. And Taylor, S., eds., *A Reappraisal of the Efficiency of Financial Markets*, Springer-Verlag, Berlin, p. 369-393.

Utusan Malaysia (2004), «PM: Ekuiti bumiputera belum tepati sasaran», Utusan online, available on the internet at http://ww.utusan.com.my. 16 September.

Wang, C. (2005), «Ownership and operating performance of Chinese IPOs», *Journal of Banking and Finance*, Vol. 29, N° 7, p. 1835-1856.

Wan-Hussin, W.N. (2001), *Going public in Malaysia: An investigation into the roles of IPO profit guarantees and reverse take-overs*, Unpublished Ph.D. Thesis, University of Warwick, England, UK.

Wan-Hussin, W.N. and Ripain, N. (2003), «IPO profit guarantees and income smoothing», *Analysis*, Vol. 10, N° 2, p. 119-137.

Wan-Hussin, W.N. (2005), «The effects of owners» participation and lockup on IPO underpricing in Malaysia», *Asian Academy Management Journal*, Vol. 10, N° 1, p. 19-36.

Wei, Z., Varela, O., D'Souza, J. and Hassan, M.K. (2003), «The financial and operating performance of China's newly privatized firms», *Financial Management*, Vol. 32, N° 2, p. 107-126.

Welch, I. (1989), «Seasoned offerings, imitation costs, and the underpricing of initial public offerings», *Journal of Finance*, Vol. 44, N° 2, p. 421-449.

Welch, I. (1992), «Sequential sales, earning, and cascades», *Journal of Finance*, Vol. 47, N° 2, p. 695-732.

White, H. (1980), «A heteroskedasticity-consistent covariance matrix estimator and a direct test for heteroskedasticity», *Econometrica*, Vol. 48, N° 4, p. 817-838.

Wiedman, C.L (2002), «The power of auditors», *CA Magazine*, December, p. 39-43.

Wu, T.S. (1993), «The long run performance of initial public offerings in Malaysia», *Capital Market Review*, Vol. 1, N° 1, p. 61-80.

Yong, O. (1997), «Initial public offerings: The Malaysian experience 1990-1994», *Advances in Pacifc Basin Financial Markets*, Vol. 3, p. 177-188.

Young, S. (1999), «Systematic measurement error in the estimation of discretionary accruals: An evaluation of alternative modeling procedures», *Journal of Business Finance and Accounting*, Vol. 26, N° 7-8, p. 833-862.

Yong O. (2007), «A review of IPO research in Asia: What's next? » *Pacific-Basin Finance Journal*, Vol. 15, p. 253-275.

Annexes

Annexe 1. La liste des firmes introduites de l'échantillon des IPOs

nombre d'années	*Date d'intro-duction*	*Nom de la firme*	*Industrie*	*Nombre d'actions à la date d'introduction*
1	28/10/2004	CRYONIC MEDICAL	Advanced Medical Equipment	10243
2	06/02/2007	CELLECTIS	Biotechnology	20435
3	17/11/2005	EXONHIT	Biotechnology	34131
4	30/01/2004	GENFIT	Biotechnology	14669
5	10/06/2008	IPSOGEN	Biotechnology	5446
6	26/03/1998	TRANSGENE	Biotechnology	31696
7	28/06/2007	VIVALIS	Biotechnology	21151
8	13/10/2005	MEETIC	IT Services / Consulting	23128
9	14/04/2005	AKKA TECHNOLOGIES	IT Services / Consulting	12370
10	12/07/1999	AUBAY	IT Services / Consulting	14024

11	20/04/2007	CHEOPS TECHNOLOGY	IT Services / Consulting	2300
12	27/10/1999	DEVOTEAM	IT Services / Consulting	10525
13	27/05/1999	ESR	IT Services / Consulting	4875
14	19/12/2006	GFI INFORMATIQUE	IT Services / Consulting	54450
15	18/05/1998	GROUPE OPEN	IT Services / Consulting	9843
16	30/01/1998	GROUPE STERIA SCA	IT Services / Consulting	30829
17	20/07/2007	HAPPYDOO	IT Services / Consulting	2259
18	23/06/2005	HARVEST	IT Services / Consulting	1381
19	28/11/2006	HITECHPROS	IT Services / Consulting	1826
20	21/01/1999	INFOTEL	IT Services / Consulting	1331
21	05/05/2008	INFOVISTA (OTC)	IT Services / Consulting	16440
22	03/05/1999	IT LINK	IT Services / Consulting	1736
23	30/04/1998	ITS GROUP	IT Services / Consulting	5314
24	19/07/2000	KEYRUS	IT Services / Consulting	17278

25	20/09/2000	MICROPOLE	IT Services / Consulting	25958
26	16/07/1999	NEOCOM MULTIMEDIA	IT Services / Consulting	1668
27	20/12/2005	O2I	IT Services / Consulting	3332
28	29/11/2006	OCTO TECHNOLOGY	IT Services / Consulting	3512
29	30/03/2006	PRODWARE	IT Services / Consulting	5202
30	13/07/2001	SECURINFOR	IT Services / Consulting	1500
31	30/11/1999	SELSI	IT Services / Consulting	500
32	26/10/1999	SII	IT Services / Consulting	20000
33	20/04/1999	SODIFRANCE	IT Services / Consulting	3207
34	21/07/2000	SQLI	IT Services / Consulting	36459
35	30/01/2000	SYSTRAN	IT Services / Consulting	8000
36	06/09/2007	TRSB GROUPE	IT Services / Consulting	1611
37	30/06/2001	TECHNOFLEX	Medical Equipment / Supplies	1387
38	06/12/2005	IPSEN	Pharmaceuticals - Diversified	84253

39	02/11/1999	NICOX	Pharmaceuticals - Diversified	72682
40	13/06/1997	SANOFI	Pharmaceuticals - Diversified	1342351
41	20/07/1998	STALLERGENES	Pharmaceuticals - Diversified	13469
42	30/01/2004	VETOQUINOL	Pharmaceuticals - Generic	11882
43	14/06/2005	ADOMOS	Real Estate Services	20762
44	13/05/2009	SOLABIOS	Renewable Energy Equipment	598
45	19/07/2007	ACHETER-LOUER FR	Software	9719
46	30/05/1998	ADLPARTNER	Software	4361
47	12/07/2007	ARKOON	Software	5298
48	06/06/2000	BCI NAVIGATION	Software	8938
49	17/10/2000	DAMARIS	Software	400
50	27/04/2007	DL SOFTWARE	Software	4430
51	20/10/2005	EASYVISTA	Software	1564
52	01/02/2007	ENTREPARTICULIERS	Software	3540

53	06/07/2000	ESI GROUP	Software	5867
54	02/07/1997	ESKER	Software	4582
55	09/06/2000	GAMELOFT	Software	77106
56	09/07/1998	GENERIX	Software	25779
57	30/06/2000	HI MEDIA	Software	45629
58	27/09/2000	HUBWOO	Software	128996
59	23/06/1998	INNELEC MULTIMEDIA	Software	1634
60	16/07/2009	IPERNITY ORG	Software	1146
61	08/02/2001	ITESOFT	Software	5685
62	27/03/2001	KIMOCE	Software	500
63	29/06/2006	LEGUIDE.COM	Software	3509
64	17/05/2000	LINEDATA SERVICES	Software	10525
65	06/04/2000	NETGEM	Software	37102
66	30/06/2000	NEWSINVEST	Software	5935

67	08/03/2007	NOTREFAMILLE.COM	Software	1750
68	18/03/2008	OPTI-TIME	Software	3969
69	25/11/2005	OVERLAP GROUPE	Software	3756
70	21/10/1997	PASSAT	Software	4200
71	20/10/2000	PHARMAGEST INTERACTIVE	Software	3035
72	02/07/1998	PROLOGUE	Software	4990
73	20/11/2009	REWORLD	Software	1338
74	14/08/2008	SOCIAL MEDIA GROUP	Software	2983
75	17/10/2006	TTI	Software	4220
76	11/02/1999	VISIODENT	Software	4204
77	28/06/2006	WEBORAMA	Software	3415
78	22/06/2006	AQUILA	Technologies	1650
79	14/02/2002	ARCHOS	Technologies	25028
80	02/10/2007	ARION ENTREPRISE	Technologies	1040

81	04/10/2007	ASTELLIA	Technologies	2566
82	13/06/1997	DIGIGRAM	Technologies	2100
83	14/07/2005	FREELANCE.COM	Technologies	2740
84	29/01/2004	ILIAD	Technologies	57042
85	04/12/2002	LOCASYSTEM INTL.	Technologies	540
86	15/01/2002	LOGIC INSTRUMENT	Technologies	2298
87	12/06/2001	NEXANS	Technologies	28723
88	26/07/2007	OROLIA	Technologies	4239
89	26/03/1998	PARSYS	Technologies	1542
90	26/01/2006	STORE ELECTRONICS	Technologies	10986
91	08/08/2003	TECHNOFIRST	Technologies	2756
92	30/01/2007	TRANSGENE	Technologies	31696

Annexe 2. Nombre de firmes cotées et capitalisation boursière l'année 2006

Pays	**Allemagne**	**Europe**	**France**	**GB**	**USA**	
Bourse	**Deutshe Borse**	**Euronext**	**Euronext Paris**	**London**	**NASDAQ**	**NYSE**
Sociétés cotées	760	1285	730	3240	3133	2280
Capitalisation	1367,6	3780,2	2428,3	3794,3	3865	1521,2

Source : AMF-Euronext Paris (rapport annuel 2006)
La capitalisation boursière (en milliards de dollars) est calculée sur la base des actions et des obligations.

Annexe 3. Répartition des firmes cotées fin 2011

	Euronext	**Alternext**	**Marché libre**
Nombre total	932	180	268

Annexe 4. Répartition et évolution récente des introductions sur Euronext Paris

Procédures d'admission	**2010**	**2011**
Par offre au public	4	1
Autres	6	7
Total	10	8

Tableau 32. L'évolution de l'investissement (moyenne et médiane)

	Moyenne				
Année	**n-1**	**n**	**n+1**	**n+2**	**n+3**
Moyenne	31,52%	37,97%	75,74%	40,35%	36,01%
Médiane	11,52%	17,21%	47,92%	20,86%	12,50%

	médiane				
Année	**n-1**	**n**	**n+1**	**n+2**	**n+3**
Moyenne	27,90%	35,80%	37,89%	39,50%	48,30%
Médiane	11,50%	0,15%	20,35%	23,58%	17,53%

Figure 15 : Evolution de l'Investissement comparé (moyenne et médiane)

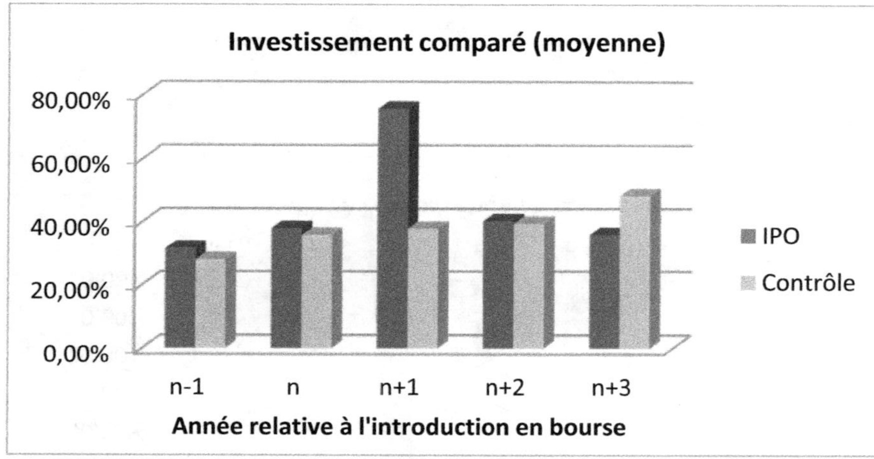

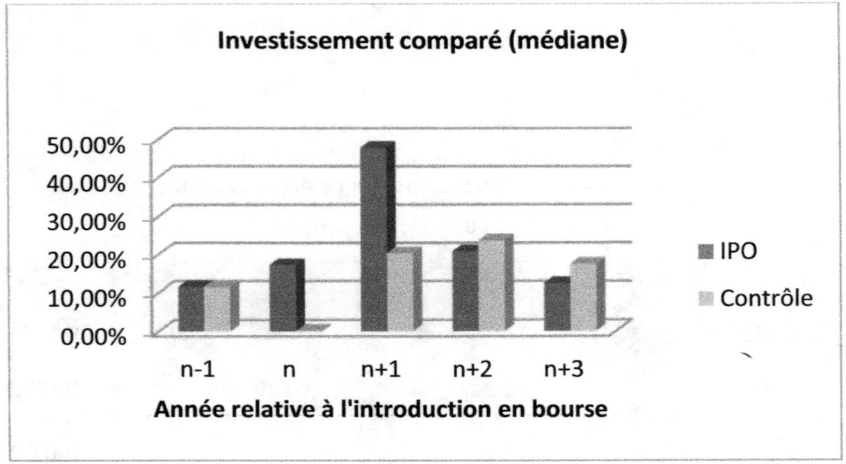
Investissement comparé (médiane)
50,00%
40,00%
30,00%
20,00%
10,00%
0,00%
n-1
n
n+1
n+2
n+3
Année relative à l'introduction en bourse
IPO
Contrôle

Liste des Tableaux

Liste des Figures

Table des matières

Économie et Entreprise aux éditions L'Harmattan

Dernières parutions

THOMAS PIKETTY, LA MÉCANIQUE DES INÉGALITÉS EN FRANCE
Injustice fiscale, crise de l'enseignement, contre-réforme sociale, (dé)colonisation
Jalley Emile
Les deux symptômes majeurs de la maladie française sont l'injustice fiscale et la crise de l'enseignement. La première tient à l'hypofiscalisation et l'hyperfiscalisation relatives des deux grandes classes, celle «d'en haut» et celle «d'en bas». L'inégalité scolaire tient à ce que le dispositif institutionnel de l'Education nationale a pour fonction réelle d'ouvrir le chemin, vers «le haut» et vers «le bas», à la distribution inégalitaire des revenus et des patrimoines.
(29.00 euros, 286 p.)
ISBN : 978-2-336-30262-1, ISBN EBOOK : 978-2-336-36505-3

THOMAS PIKETTY «MARX DU XXIe SIÈCLE» ?
Jalley Emile
Le livre de Thomas Piketty sur *Le Capital au XXIe* siècle renouvelle de façon originale, dans le contexte de notre époque, l'ouvrage classique de Karl Marx. Le capital national est distribué en proportion fortement décroissante sur la moitié supérieure de la population, cependant que la moitié inférieure n'en possède à peu près rien. Une nouveauté par rapport au XIXe siècle : la consolidation d'une large classe moyenne qui aspire à recevoir une partie plus grande du revenu du capital.
(29.00 euros, 284 p.)
ISBN : 978-2-343-04439-2, ISBN EBOOK : 978-2-336-36504-6

MISÈRE ET OPULENCE
Chroniques d'austérité globalisée
Santi Michel
Sous sa forme actuelle, la monnaie unique est un vecteur de schizophrénie économique, une machine à créer du chômage et des inégalités. Que l'euro soit donc déconstruit ! Ce ne sont pas les dépenses sociales qui sont coupables d'avoir creusé nos déficits, mais les sauvetages bancaires d'établissements ayant amassé des fortunes par la grâce de la financiarisation, elle-même destinée à anesthésier une population européenne dont les revenus étaient inversement proportionnels à la productivité des entreprises.
(Coll. L'Esprit Économique, série Le Monde en Questions, 30.00 euros, 298 p.)
ISBN : 978-2-343-05332-5, ISBN EBOOK : 978-2-336-36742-2

TEMPS (LE) DE LA RIGUEUR
Fiscalité, protection sociale, mondialisation
Lambert Pierre-André
Il n'est plus possible aujourd'hui de tergiverser. Nous avons vécu à crédit pendant 33 ans, il faut cesser d'alourdir la charge pour nos descendants. Et comme l'opinion refuse la disparition de la protection sociale et le rétrécissement du rôle de l'Etat, il faut bien en venir à des mesures douloureuses. Point n'est besoin de révolution, les solutions existent. Elles sont politiquement jouables, sous réserve que la rigueur s'accompagne de justice.
(L'esprit économique, série L'économie formelle, 17.50 euros, 158 p.)
ISBN : 978-2-343-05199-4, ISBN EBOOK : 978-2-336-36472-8

PERSONNALISATION (LA) DE MASSE
Comment le système industriel peut individualiser son offre au moindre coût
Ambada François
Nous sommes passés de la production de masse à un désir de plus en plus affirmé des utilisateurs/ consommateurs pour la personnalisation des produits et services qui leur sont offerts, sans toutefois sacrifier l'efficience industrielle, ce qui a favorisé l'émergence d'un nouveau paradigme : la personnalisation de masse. Comment le système industriel peut-il répondre aux exigences de la personnalisation de masse ?
(L'Esprit Économique, série Économie et Innovation, 35.00 euros, 336 p.) ISBN : 978-2-343-05178-9, ISBN EBOOK : 978-2-336-36728-6

INTÉGRATIONS RÉGIONALES ET PROSPECTIVE DES TERRITOIRES
Comparaisons internationales
Sous la direction de Philippe Clerc, Driss Guerraoui et Xavier Richet
La mondialisation en crise est en train de produire des impacts inédits sur la hiérarchisation des espaces économiques, ainsi que la montée des pays émergents. De telles évolutions incitent à reposer en termes nouveaux les dynamiques actuelles des intégrations régionales, à partir d'une prospective des territoires que la recomposition des alliances géostratégiques et géoéconomiques dans le monde impose. Une problématique cruciale pour le développement futur du système de l'économie mondiale.
(34.00 euros, 376 p.)
ISBN : 978-2-336-30553-0, ISBN EBOOK : 978-2-336-36769-9

PROMENADE ROMANTIQUE À PÔLE EMPLOI
Coutarel Colette
Il y a un mythe Pôle Emploi. Trop de désillusions génèrent de l'agressivité. Et voilà qu'une conseillère sort du rang pour nous en dire aussi du bien. De l'intérieur, elle dévoile des vécus : joies et failles vues des deux côtés du guichet. Né de la fusion avec l'ANPE, Pôle Emploi n'apporte pas de remède universel, restant un mode de traitement du chômage. Sujet récurrent s'il en est : le rapport au travail.
(Coll. Rue des écoles, série Champ Libre, 11.50 euros, 86 p.)
ISBN : 978-2-343-04887-1, ISBN EBOOK : 978-2-336-36364-6

RECHERCHE (LA) D'EMPLOI, UN TRAVAIL À PART ENTIÈRE !
Aux marches de l'emploi
Leconte Béatrice, Eray Philippe
Préfaces d'Alain Coffineau et Michel Barabel
Alors même qu'une certaine stigmatisation des chercheurs d'emploi s'esquisse, ce livre présente la recherche d'emploi comme un travail à part entière. Et comme pour de nombreuses situations de travail, cette activité est complexe, difficile. Partant de témoignages illustrant des situations du quotidien, les auteurs proposent un éclairage nouveau sur le travail et ses situations, en commençant par l'amont : la recherche d'emploi...
(Coll. Expériences, Travail et Société : comprendre et agir, 13.00 euros, 130 p.)
ISBN : 978-2-343-04497-2, ISBN EBOOK : 978-2-336-36302-8

TRAVAIL DISSIMULÉ ET ESTIME DE SOI
Une sociologie du rapport moral face aux règles formelles
Heim Jérôme
Loin de se réduire à une stratégie rationnelle de fraude économique, le travail au noir s'explique davantage par la saisie d'opportunités de rémunération, non déclarées et donc illégales. En améliorant la performance sur le marché du travail, ces pratiques confèrent une certaine estime sociale à ceux qui y recourent. Elles s'exposent toutefois à des sanctions pénales et à une plus grande vulnérabilité en l'absence de protections sociales.
(Coll. Conception et dynamique des organisations, 32.00 euros, 322 p.)
ISBN : 978-2-343-04728-7, ISBN EBOOK : 978-2-336-36330-1

IMAGINAIRE (L') ET L'ORGANISATION
La stimulation de l'innovation technoscientifique par la science-fiction
Michaud Thomas
L'imaginaire joue un rôle important dans le fonctionnement des organisations. S'il contribue à stimuler la créativité et à mettre en place des stratégies, il peut aussi être considéré comme un péril que les managers doivent apprendre à gérer. La gestion de l'imaginaire organisationnel est un enjeu de pouvoir. La lutte pour la domination sur les marchés ou en politique passe par le contrôle d'imaginaires en permanente mutation.
(Coll. Logiques sociales, 21.00 euros, 208 p.)
ISBN : 978-2-343-04820-8, ISBN EBOOK : 978-2-336-36370-7

MARX, DU TRAVESTISSEMENT STALINIEN À L'ÉCHEC
Vers un nouvel essor ?
Bublex Georges
Le stalinisme, selon l'auteur, n'est pas une forme de communisme mais un travestissement des thèses de Marx. Totalitaire et liberticide, il pérennisait les «stigmates de la société capitaliste», il était composé d'une stratégie et d'une idéologie spécifiques qui ont mené l'URSS, et tous les partis communistes à sa suite, à l'échec et à la ruine. L'analyse politique du stalinisme, proposée dans cet ouvrage, est nécessaire à la renaissance de ces partis à la hauteur des enjeux.
(23.50 euros, 232 p.)
ISBN : 978-2-343-04797-3, ISBN EBOOK : 978-2-336-36448-3

ANALYSE ÉCONOMIQUE DE L'INVESTISSEMENT EN CAPITAL HUMAIN
Ndiaye Babacar
Comment le capital humain constitue-t-il, d'une part, une motivation individuelle dans le cadre de la théorie de l'école classique, mais aussi un facteur de croissance économique du point de vue de l'approche keynésienne ? L'itinéraire de la problématique amène à justifier les causes de l'imperfection des marchés et le rôle de l'État pour corriger ces imperfections.
(Coll. L'Esprit Économique, série Cours Principaux, 12.50 euros, 110 p.)
ISBN : 978-2-343-04767-6, ISBN EBOOK : 978-2-336-36331-8

ÉCONOMIE (L') DU DÉVELOPPEMENT
Trajectoire, analyse et stratégie de développement
Modibo Traoré
Instrument d'analyse et de gestion du développement économique, cet ouvrage a recours à deux grandes innovations : l'utilisation de la microanalyse et la définition d'une procédure permettant d'effectuer un choix «réaliste» de stratégie de développement en fonction des ressources disponibles dans le pays. Il met l'accent sur le rôle des acteurs privés du développement ; ceux du marché et de l'action collective, à côté de l'action publique qui assure la coordination au niveau méso et macroéconomique.
(Coll. Pour Comprendre, 36.00 euros, 254 p.)
ISBN : 978-2-343-04365-4, ISBN EBOOK : 978-2-336-36289-2

GESTION DE PROJET ET INNOVATION
Sous la direction de Cédric Baudet ; préface de Pienne Bonnal
L'innovation, déstructurée par essence, peut-elle être appréhendée à l'aide de la très structurée «gestion de projet» ? L'histoire des projets nous démontre que la trop grande régulation est un échec à l'innovation. Ainsi, les organisations adaptent la gestion de projet à leur besoin. Pour un projet compliqué de construction, on répond par une structure précise et organisée de projets. A un projet complexe d'innovation, on privilégie la souplesse, la créativité...
(Coll. Conception et dynamique des organisations, 21.00 euros, 214 p.)
ISBN : 978-2-343-04326-5, ISBN EBOOK : 978-2-336-36011-9

CAPITAL HUMAIN *VERSUS* HUMAIN CAPITAL
Schoun Gérard
Accepter que l'humain ne soit pas seulement un capital à exploiter mais un patrimoine à faire fructifier change radicalement notre façon de penser les valeurs, l'innovation, le *leadership* et la

gouvernance. Dans la compétition internationale, la France a une formidable carte à jouer. Son déclin est d'autant moins une fatalité que l'esprit français pourrait se révéler parfaitement adapté aux temps nouveaux.
(Coll. Ad valorem, 16.50 euros, 162 p.)
ISBN : 978-2-343-04483-5, ISBN EBOOK : 978-2-336-36013-3

AUTOUR DE L'ANTHROPOLOGIE ÉCONOMIQUE
Actualité des écrits du professeur André Nicolaï
Coordonné par Mahieu François-Régis, Suchère Thierry
Le bon économiste serait celui qui raisonne à partir de trois hypothèses de base que sont l'individualisme méthodologique, la rationalité des acteurs et le marché qui produit de la complémentarité. En formalisant ces hypothèses, l'auteur entend ici rappeler qui était André Nicolaï : un hétérodoxe ancré dans le courant dit de la socio-économie et qui s'est intéressé à des thèmes tels que le pouvoir, le ludique, l'épistémologie et la sociologie de la connaissance.
(Coll. Éthique Économique, 30.00 euros, 292 p.)
ISBN : 978-2-343-04709-6, ISBN EBOOK : 978-2-336-36061-4

DU PROJET AUX «PROCESS»
Un vade-mecum de la gestion du Risque
L'exemple de la fonction fiscale
Jx' Beaumont Stéphane
Avec ce Vade-Mecum, troisième ouvrage de l'auteur, ce dernier partage sa démarche opérationnelle autour de ces Process qui permettront aux fonctions supports d'améliorer leurs performances, de valoriser leurs «Best Practices» et, après standardisation, de se transformer en centres de profits. Un outil indispensable de la prise de décision face au risque-projet et de sa portabilité interne et externe.
(12.00 euros, 52 p.)
ISBN : 978-2-343-04409-5, ISBN EBOOK : 978-2-336-36066-9

MONNAIE ET FINANCE
Du boom au krach
Sari Camille
Incapable de brider une finance dont le seul objectif est le faire à court terme, les États déclarent leur impuissance face aux forces des marchés. Afin de comprendre le présent et se projeter dans le futur, il est nécessaire de recourir à des outils d'analyse en rupture avec les paradigmes dominants et de tirer les enseignements de ce qui s'est réellement passé, avant d'en arriver au désastre actuel qui risque de compromettre l'avenir de plusieurs générations.
(28.00 euros, 274 p.)
ISBN : 978-2-343-04601-3, ISBN EBOOK : 978-2-336-36231-1

RÉINVENTER L'ENTREPRENEURIAT POUR REFONDER L'ENTREPRISE
Adam Michel - Préface de Claude Alphandéry
Créer son entreprise, fonder une coopérative, lancer une entreprise d'insertion... Quelles ressemblances, mais aussi quelles différences ? Comment distinguer, repérer, modéliser, relier les trois logiques de ces engagements, leurs évolutions possibles voire leurs dérives évitables, mais aussi leurs coopérations réelles et leurs hybridations innovantes ? Et si ces trois dimensions tant éthiques que juridiques structuraient les relations à l'intérieur même de toute entreprise ?
(21.00 euros, 208 p.)
ISBN : 978-2-343-04621-1, ISBN EBOOK : 978-2-336-36182-6

L'HARMATTAN ITALIA
Via Degli Artisti 15; 10124 Torino

L'HARMATTAN HONGRIE
Könyvesbolt ; Kossuth L. u. 14-16
1053 Budapest

L'HARMATTAN KINSHASA
185, avenue Nyangwe
Commune de Lingwala
Kinshasa, R.D. Congo
(00243) 998697603 ou (00243) 999229662

L'HARMATTAN CONGO
67, av. E. P. Lumumba
Bât. – Congo Pharmacie (Bib. Nat.)
BP2874 Brazzaville
harmattan.congo@yahoo.fr

L'HARMATTAN GUINÉE
Almamya Rue KA 028, en face
du restaurant Le Cèdre
OKB agency BP 3470 Conakry
(00224) 657 20 85 08 / 664 28 91 96
harmattanguinee@yahoo.fr

L'HARMATTAN MALI
Rue 73, Porte 536, Niamakoro,
Cité Unicef, Bamako
Tél. 00 (223) 20205724 / +(223) 76378082
poudiougopaul@yahoo.fr
pp.harmattan@gmail.com

L'HARMATTAN CAMEROUN
BP 11486
Face à la SNI, immeuble Don Bosco
Yaoundé
(00237) 99 76 61 66
harmattancam@yahoo.fr

L'HARMATTAN CÔTE D'IVOIRE
Résidence Karl / cité des arts
Abidjan-Cocody 03 BP 1588 Abidjan 03
(00225) 05 77 87 31
etien_nda@yahoo.fr

L'HARMATTAN BURKINA
Penou Achille Some
Ouagadougou
(+226) 70 26 88 27

L'HARMATTAN SÉNÉGAL
10 VDN en face Mermoz, après le pont de Fann
BP 45034 Dakar Fann
33 825 98 58 / 33 860 9858
senharmattan@gmail.com / senlibraire@gmail.com
www.harmattansenegal.com

L'HARMATTAN BÉNIN
ISOR-BENIN
01 BP 359 COTONOU-RP
Quartier Gbèdjromèdé,
Rue Agbélenco, Lot 1247 I
Tél : 00 229 21 32 53 79
christian_dablaka123@yahoo.fr

Achevé d'imprimer par Corlet Numérique - 14110 Condé-sur-Noireau
N° d'Imprimeur : 122671 - Dépôt légal : octobre 2015 - *Imprimé en France*

www.ingramcontent.com/pod-product-compliance
Lightning Source LLC
LaVergne TN
LVHW011314061026
849535LV00005B/1552
* 9 7 8 2 3 4 3 0 6 2 9 0 7 *